August Schnabel

Erstes deutsches Sprachbuch

August Schnabel

Erstes deutsches Sprachbuch

ISBN/EAN: 9783743324398

Hergestellt in Europa, USA, Kanada, Australien, Japan

Cover: Foto ©Thomas Meinert / pixelio.de

Manufactured and distributed by brebook publishing software (www.brebook.com)

August Schnabel

Erstes deutsches Sprachbuch

Erstes Deutsches Sprachbuch.

Ein Hilfsbuch

zur

Uebung im Rechtschreiben

und zur

Selbstbeschäftigung für Elementarschüler,

von

August Schnabel.

Zehnte Auflage.

Philadelphia und Leipzig,
Verlag von Schäfer und Koradi.
1867.

Entered according to Act of Congress, in the year 1862, by
SCHÆFER & KORADI,
in the Clerk's Office of the District Court of the Eastern District of Pennsylvania.

Stereotipirt bei L. Johnson & Co.
Philadelphia, Pa.

Vorwort.

Durch die Erfahrung belehrt, daß da, wo die meisten unserer Elementarschüler mit nur äußerst mangelhaftem Verständniß ihrer deutschen Muttersprache ausgestattet, dem Lehrer übergeben werden, ein gedeihlicher Sprachunterricht nur durch zahlreiche, geeignete Vorübungen möglich gemacht wird, — habe ich den in diesem Büchlein befolgten Lehrgang, dem Schuler's „Sprachheft des Elementarschülers" zu Grunde gelegt ist, in einer Reihe von Jahren mit entschiedenem Nutzen angewandt.

Ich hoffe, dem Lehrer hiermit ein willkommenes Hilfsmittel zur Selbstbeschäftigung der Schüler, zweckmäßige Uebungen für's Rechtschreiben, sowie einen Leitfaden für den ersten theoretisch-praktischen Unterricht in der Muttersprache zu bieten.

Möge diesem aus eigenem Bedürfniß hervorgegangenen Werkchen von einsichtsvollen Lehrern eine gleich günstige Beurtheilung und Aufnahme zu Theil werden, wie dem von mir bearbeiteten „Ersten Deutschen Lesebuche."

Philadelphia, im April 1862.

A. Schnabel.

Erster Theil.
Rechtschreiblehre (Orthographie).

1. Einsilbige Hauptwörter.

a. Männlichen Geschlechts.

Ast, Arm, Bach, Bund, Darm, Fisch, Frosch, Gaul, Herr, Kopf, Laib, Leib, Mund, Narr, Pelz, Qualm, Rauch, Sohn, Thurm, Vers, Wein, Zaum.

Aufgabe 1: Setzet abwechselnd das Geschlechtswort der und ein vor diese Wörter, z. B. der Ast, ein Ast.

b. Weiblichen Geschlechts.

Art, Bank, Faust, Frau, Last, Maus, Post, Milch, Schrift, Gans, Haut, Jagd, Magd, Nacht, Qual, Stadt, Wand, Zeit.

Aufgabe 2: Setzet abwechselnd das Geschlechtswort die und eine vor diese Wörter, z. B. die Art, eine Art.

c. Sächlichen Geschlechts.

Amt, Band, Dach, Eis, Fach, Haus, Kalb, Laub, Malz, Obst, Salz, Wort, Schmalz, Blei, Gras, Pfand, Land.

Aufgabe 3: Setzet abwechselnd das Geschlechtswort das und ein vor diese Wörter, z. B. das Amt, ein Amt.

Aufgabe 4: Vor folgende Hauptwörter setzet das passende Geschlechtswort der, die, das:

Buch, Baum, Dunst, Ernst, Frucht, Glied, Haupt, Jahr,

Kleid, Leim, Mond, Ort, Pflicht, Rost, Stück, Strumpf, Uhr, Fuchs, Faß, Wachs, Wunsch, Zwerg, Zweig.

Aufgabe 5: Setzet das Geschlechtswort ein, eine, ein vor folgende Hauptwörter:

Art, Bild, Blitz, Brust, Duft, Ei, Fluth, Fluch, Glanz, Gluth, Greis, Grab, Hund, Haar, Kampf, Null, Schuld, Schirm, Sumpf, Angst, Bart, Pfau, Strauch, Maß, Schaar, See, Zahl, Kuh, Thier, Theil, That.

Aufgabe 6: Setzet nachfolgende Hauptwörter nach dem Geschlecht zusammen und setzet das passende Geschlechtswort, der, die, das, ein, eine, ein davor.

Lärm, Oel, Glück, Kreuz, Mais, Spreu, Schmerz, Saat, Schnee, Bahn, Mehl, Stroh, Spiel, Griff, Kinn, Herr, Biß, Floß, Brett, Schmutz, Klotz, Vieh, Baß, Quart, Schrank, Schrift, Frucht, Sturm, Lamm, Furcht, Glück, Gunst.

2. Zweisilbige Hauptwörter.

Auge, Esche, Eisen, Ofen, Ufer, Igel, Blüthe, Bogen, Bäcker, Daube, Dose, Drachen, Daumen, Faden, Flegel, Frage, Gabel, Grube, Hobel, Kreide, Leiche, Magen, Nadel, Räuber, Raupe, Säule, Taube, Vogel, Wagen, Zeuge, Zeichen, Strafe, Schnauze.

Arbeit, Erle, Ulme, Birne, Bündel, Büchse, Flechte, Garten, Kasten, Lampe, Opfer, Kruste, Mantel, Nachbar, Pflaster, Pflanze, Quelle, Stunde, Schwalbe, Schwester, Winkel, Schlinge, Flinte, Brunnen, Kupfer.

Aufgabe 7: Setzet das passende Geschlechtswort und trennet die Silben durch das Trennungszeichen, z. B. das Au=ge, die Ar=beit.

3. Eigenschaftswörter.

blau, flach, frisch, hoch, lang, breit, heiß, glatt, süß, rund, scharf, stumpf, schlank, schlau, kalt, wild, schwarz, grau.

Aufgabe 8: Zu jedem der vorstehenden Eigenschaftswörter suchet das passende unter den nachstehenden Hauptwörtern, und verbindet sie zu Sätzen, z. B. Der Himmel ist blau. Ein Tisch ist flach.

Himmel — Wasser — Bank — Tisch — Thurm — Eis — Strom — Feuer — Honig — Messer — Kreis — Schnee — Art — Fuchs — Tanne — Kohle — Tiger — Asche.

4. Zeitwörter.

lehren, lernen, malen, jagen, nagen, wachen, tanzen, springen, singen, pflanzen, richten, blasen, klopfen, heulen, grunzen, klappern, beißen, summen, wiehern, nähen, hobeln.

Aufgabe 9: Machet über jedes der vorstehenden Zeitwörter einen Satz in der Mehrzahl, indem ihr sie mit den passenden der nachstehenden Hauptwörter verbindet, z. B. Die Lehrer lehren.

Maler — Mäuse — Tänzer — Sänger — Richter — Schuster — Schweine — Bienen — Lehrer — Schüler — Jäger — Wächter — Kinder — Gärtner — Winde — Hunde — Tischler — Schneider — Pferde — Mühlen — Wölfe.

Aufgabe 10: Setzet die vorhin gebildeten Sätze in die Einzahl, z. B. Der Lehrer lehrt.

Die Wortbildung.

Hauptwörter, welche in der Mehrzahl den Umlaut bekommen.

a ä — o ö — u ü — au äu.

Wald, Glas, Kalb, Gras, Hand, Land, Gans, Hals, Faß, Grab, Graben, Spaß — Koch, Wolf, Loch, Kopf, Dorf, Topf, Holz, Hof, Schloß, Stoß — Frucht, Wurm, Strumpf, Tuch, Buch, Krug, Bruder, Mutter, Fuchs, Nuß, Guß, Gruß, Schluß — Haus, Maus, Baum, Maul, Traum, Haupt, Zaum, Raum, Saum, Haut.

Aufgabe 11: Setzet diese Wörter in die Mehrzahl, z. B. Der Wald — die Wälder.

Aufgabe 12: Bildet die Mehrzahl von folgenden Wörtern:

Arm, Ohr, Tisch, Stern, Fisch, Feder, Wolke, Thüre, Tanne, Auge, Schuh, Kind, Stiefel, Schiff, Eiche, Feld, Frau, Fliege, Hirsch, Insel.

Hemd, Haar, Teppich, Bär, Freund, Freude, Waise, See, Heer, Heerde, Fahne, Zehe, Ort, Uhr, Thräne, Glied.

Pantoffel, Null, Spinne, Rippe, Herr, Licht, Tasse, Nessel, Brett, Schnitt, Ratte, Vers, Blick, Mücke, Blitz, Ritze, Brezel.

Aufgabe 13: Bildet die Einzahl von folgenden Wörtern:

Bilder, Christen, Quellen, Elephanten, Sklaven, Mützen, Brücken, Hütten, Grüße, Rosse, Schüsse, Krippen, Flammen, Brillen, Ställe.

Affen, Zwiebeln, Thäler, Reihen, Söhne, Lehnen, Hähne, Boote, Scheeren, Herzen, Keulen, Geschwüre, Kröten.

Aufgabe 14: Schreibet folgende Zeitwörter so, wie sie in der Einzahl gebraucht werden; z. B. sind — ist; haben — hat; werden — wird.

loben, schämen, kochen, bauen, kämpfen, stürzen, träumen, kränzen, zähmen, wünschen, blitzen, rauchen, wählen, schnüren, quälen.

röthen, härten, reden, beten, dürsten, binden, sieben, finden, winden, segnen, reiten, läuten, leiten, leiden, senden.

lesen, sehen, geben, schlafen, schlagen, laufen, graben, sprechen, essen, fressen, stoßen.

fesseln, blättern, klingeln, lächeln.

Aufgabe 15: Die nachstehenden Zeitwörter setzet so, wie sie in der Mehrzahl gebraucht werden; z. B. kommt — kommen; darf — dürfen.

schreibt, friert, kennt, riecht, schmeckt, raucht, thaut, singt, rauscht.

hämmert, klappert, schnattert, plaudert, bröckelt.

drischt, milkt, schilt, sticht, stirbt, wirft, hilft, kann, stiehlt, mag, muß, fällt, trägt, bricht.

Aufgabe 16: Setzet nachfolgende Sätze in die Mehrzahl, z. B. (Einzahl): Die Kuh ist ein nützliches Hausthier; (Mehrzahl): Die Kühe sind nützliche Hausthiere.

Das Lamm springt. Der Nagel ist spitzig. Die Art ist schwer. Der Apfel schmeckt gut. Ein Ast hat Zweige. Der Schwan hat einen langen Hals. Ein Glas bricht leicht. Das Band wird gefärbt. Der Wald grünt im Frühling. Der Acker wird gepflügt. — Der Vogel baut ein Nest. Der Wolf würgt das Lamm. Der Topf wird gebrannt. Der Ton der Flöte klingt lieblich. Am Rock ist ein Kragen. Der Frosch hüpft in das Wasser. Der Ofen wird geheizt. Ein Dorf ist kleiner als eine Stadt. — Ein gutes Buch soll man lesen. Die Mutter liebt ihr Kind. Der Krug dient zum Schöpfen. Ein Strumpf wird aus Garn gestrickt. Auf dem Thurm ist ein Knopf. — Der Strauch trägt eine Frucht. Am Baum ist Stamm und Ast. Das Kraut ist eine Pflanze. Mit einem Zaum lenkt man das Pferd. Ein Traum ist ein Schaum.

Bildung von Wörtern durch Nachsilben.

A. Bildung von Hauptwörtern.

Aufgabe 1: Bildet Hauptwörter durch Hinzufügung der Nachsilben **chen** und **lein**; z. B. Der Vater—das Väterchen. Ein Blatt—ein Blättlein.

a. Mit chen.

Ast, Eichhorn, Baum, Bank, Fuß, Frucht, Gras, Gans, Glas, Hand, Hund, Haus, Haut, Korn, Korb, Knopf, Land, Mann, Mund, Maus, Rad, Rock, Raum, Stock, Schachtel, Strumpf, Thurm, Wald, Vogel, Wurm; — Affe, Ofen, Bogen, Rose, Haufen, Haube, Stube, Katze.

b. Mit lein.

Acker, Buch, Bock, Bruder, Dach, Dorf, Fuchs, Frau, Haus, Kopf, Kraut, Lamm, Maus, Mutter, Roß, Schwamm, Strauch, Tuch, Wunsch; — Knabe, Blume, Glocke, Auge.

Aufgabe 2: Von folgenden Eigenschaftswörtern leitet Hauptwörter ab durch die Nachsilbe e und trennet die Silben, z. B. scharf—die Schär-fe.

blau, breit, dick, dürr, eben, eng, früh, frisch, fremd, flach, glatt, gut, bart, hohl, kurz, lang, leer, roth, stark, schwarz, schwach, schwer, still, tief, treu, warm, weit; — groß, bloß, naß, blaß, heiß, sauer, hoch.

Aufgabe 3: Leitet Hauptwörter ab durch die Nachsilbe **er.**
a. Von Hauptwörtern, z. B. Das Glas — der Glaser. Ein Seil — ein Seiler.

Krieg, Schrein, Fisch, Fleisch, Sang, Schaf, Tanz, Kram, Topf, Forst, Mord, Burg, Thurm, That, Rom, Traum, Raub; — Schloß, Kutsche, Mauer, Gürtel, Nadel, Sattel, Wagen, Schule, Kohle, Garten.

b. Von Zeitwörtern, z. B. jagen — der Jäger; dichten — ein Dichter.

bauen, brauen, backen, blasen, dienen, horchen, kaufen, klagen, laufen, pflanzen, prahlen, rauchen, rechnen, spotten, stoßen, saufen, tragen, zahlen, zanken; — lügen, reden, drechseln, handeln, verachten, betrügen.

Aufgabe 4: Machet Sätze über diese Wörter, z. B. Der Glaser setzt Gläser ein. Ein Seiler macht Seile, Stricke und Schnüre.

Aufgabe 5: Bildet Hauptwörter durch die Nachsilbe **heit,** z. B. Kind — die Kindheit; selten — eine Seltenheit.

Gott, Mensch, Narr, Thor; — dumm, dunkel, eigen, frei, falsch, gesund, gewandt, klug, lau, rein, roh, schön, schlau, sicher, wahr, beschaffen, verschwiegen, verdorben; — weise, böse, träge.

Aufgabe 6: Bildet Hauptwörter durch die Nachsilbe **keit,** z. B. reinlich — die Reinlichkeit.

achtsam, bieder, bitter, duldsam, eitel, ehrlich, ewig, flüchtig, fröhlich, freudig, freundlich, furchtsam, herrlich, heiter, heiser, häuslich, höflich, kränklich, langsam, munter, mäßig, nützlich, redlich, selig, sparsam, traurig, empfindlich, barmherzig; — feucht, süß, klein, fromm, blöde.

Aufgabe 7: Bildet Hauptwörter durch die Nachsilbe **in,** z. B. Der Hirt — die Hirtin; nähen — eine Näherin.

Bettler, Bauer, Dieb, Diener, Feind, Freund, Graf, Gemahl, Gärtner, Herzog, Hirt, Koch, König, Kaiser, Künstler, Schüler, Wirth, Wolf, Löwe; — nähen, warten, waschen, singen, tanzen.

Aufgabe 8: Bildet Hauptwörter durch die Nachsilbe **schaft,** z. B. Der Bruder — die Brüderschaft; baar — die Baarschaft.

Bürger, Diener, Feind, Freund, Graf, Handel, Herr, Kind, Knecht,

Mann, Nachbar, Ort, Wirth; — Bote, Bürge, Erbe, Geselle; — bekannt, eigen, bereit, baar, gesandt, gefangen, gemein, verlassen, verwandt, wissen.

Aufgabe 9: Bildet Hauptwörter mit der Nachsilbe **thum**, z. B. reich — der Reichthum.

Alter, Bürger, Besitz, Herzog, König, Kaiser, Ritter, Priester; — Christ, Fürst, Heide, Jude; — heilig, eigen, reich; — irren, wachsen.

Aufgabe 10: Bildet Hauptwörter durch die Nachsilbe **ling**, z. B. Sprosse — der Sprößling; ziehen — der Zögling.

Flucht, Gunst, Haupt, Schutz, Zucht, Daumen; — fremd, früh, neu, jung, schwach, wüst; — finden, lehren, lieben, miethen, pflegen, ziehen, ankommen, nachkommen; — erst, zwei, drei, vier.

Aufgabe 11: Bildet Hauptwörter durch die Nachsilbe **niß**, z. B. Ein Zeuge — ein Zeugniß; gefangen — das Gefängniß.

Der Aerger, der Bund, der Kummer, der Verstand, der Zeuge; — faul, finster, gleich, geheim, gedacht, wild; — bedürfen, begraben, erlauben, erzeugen, ergeben, hindern, verdammen, versäumen, verhalten.

Aufgabe 12: Bildet Hauptwörter mit der Nachsilbe **ung**, z. B. hoffen — die Hoffnung.

Das Bild, der Stall, der Wald, die Zeit; — achten, drohen, gähren, hoffen, lösen, laden, leiten, einigen, opfern, prüfen, sitzen, trennen, schonen, wandern, anbeten, beantworten, beobachten, befreien, bewegen, erfinden, erhören, erlösen, erinnern, entziehen, erfahren, erziehen, übersetzen, verehren, vorsehen.

Aufgabe 13: Bildet Hauptwörter durch die Nachsilbe **ei**, z. B. Der Bettel — die Bettelei; spinnen — eine Spinnerei.

Der Fischer, der Färber, der Gärtner, der Gerber, der Jäger, der Schäfer, der Schreiber; — der Dieb, das Kind; — betrügen, drucken, rauben, streiten, schlagen, spielen; — grübeln, heucheln, sudeln, schmeicheln, prügeln.

Aufgabe 14: Bildet Hauptwörter durch die Nachsilben **sal, sel und el**, z. B. drängen — die Trangsal; mengen — ein Mengsel; klingen — eine Klingel.

s a l — schicken, laben, mühen, trüben; — s e l — anhängen, überbleiben, hacken, stopfen; — e l — decken, gürten, henken, heben, klingen, kreisen, röthen, stechen, stoßen.

B. Bildung von Zeitwörtern.

a. Durch die Nachsilbe **en (n)**, z. B. Die Kost — kosten; zahm — zähmen.

Bau, Bad, Biß, Blitz, Druck, Durst, Drang, Furcht, Futter Glück, Gruß, Heil, Koch, Kost, Kranz, Kamm, Lob, Pflug, Pack, Rost. Strom, Schutz, Schaum, Saum, Sturz, Schnur, Scham, Trank, Traum, Thurm, Wahl, Wunsch, Wasser; — Wage, Buße, Ehre; — blau, faul, gleich, krank, kurz, hart, los, roth, stark, schwach, warm; — offen, sauber, sauer.

b. Durch die Nachsilben **ern und eln**, z. B. Rand — rändern; Wurf — würfeln.

e r n — Blatt, Rad, Schlaf; — e l n — Frost, Gang, Spott, Brocken, Tropfen; — krank, klug; — klingen, lachen, sausen, streichen, traufen.

Aufgabe 15: Machet Sätze über die gefundenen Wörter, z. B. Was viel kostet, ist nicht immer kostbar. Wer viel blättert, lernt wenig.

C. Bildung von Eigenschaftswörtern.

Durch die Nachsilben:
ig, icht, lich, bar, isch, sam, haft, ern, en.

a. Durch **ig**, z. B. Der Fleiß — fleißig.

Ast, Berg, B l u t, Bart, Flucht, F l u ß, Feuer, Gift, Gunst, Haar, Hügel, H a u t, Jahr, K r a f t, Luft, Lust, L a s t, L i s t, M u t h, Macht, Maß, N o t h, Pfund, P r a c h t, Ruß, S a n d, Salz, S a f t, Schmutz, Stachel, That, Wald, W a s s e r, Zeit, Zorn; — G n a d e, Haufe, Wolke, Würde, Schlaf.

Aufgabe 1: Machet Sätze über solche der gefundenen Wörter, deren Hauptwörter hervorgehoben sind, indem ihr sie mit einem der nachstehenden Hauptwörter verbindet; z. B. Der Löwe ist ein muthiges Thier. Ist der Fuchs listig? Der Mensch soll mäßig leben! Schüler, lerne fleißig!*

Schweiz — Wunde — Wasser — Stechapfel — Kopf — Zwiebel

---
* Die verschiedenen Ausdrucksweisen: Urtheil, Frage, Befehl ꝛc. sollten beim Bilden der Sätze, wo immer thunlich, angewandt werden; ebenso ist darauf zu sehen, daß außer dem Hilfszeitwort „sein" auch andere Zeitwörter in der Aussage gebraucht werden.

— Arbeit — Fliegen — Löwe — Nahrung — Sonne — Kamin — Boden — Traube — Straße — Melone — Gott.

    b. Durch **icht**, z. B. Das Mehl — mehlicht.

Busch, Dorn, Faser, Horn, Holz, Mehl, Nerv, Oel, Salz, Stein, Schwamm, Wein, Wurm; — Nebel, Wolle.

Aufgabe 2: Verbindet die gefundenen Wörter mit den nachstehenden zu Sätzen, z. B. Der Apfel schmeckt weinicht.

Wälder — Hecke — Rinde — Fingernagel — Krautstengel — Kartoffel — Starke Leute — Nußkern — Meerwasser — Erdreich — Hollundermark — Apfel — Obst; — Herbstmorgen — Blatt des Apfelbaums.

    c. Durch **lich**, z. B. Freund — freundlich; arm — ärmlich.

Angst, Bild, Bruder, Feind, Punkt, Glück, Grund, Gott, Gefahr, Herz, Haus, Hof, Jahr, Jugend, Kind, Kauf, Land, Mensch, Mann, Mund, Mutter, Nord, Ost, Süd, Schrift, Tag, Vater, West, Weib, Wort; — Stunde, Klage, Schaden, Nutzen; — alt, blau, braun, gelb, kurz, krank, klein, lang, roth, sauer, süß, weich, zart.

Aufgabe 3: Verbindet die gefundenen Wörter mit den nachstehenden Hauptwörtern, z. B. Freundliches Wetter; ärmliche Kleidung.

Betragen — Rede — Liebe — Gesinnung — Arbeiter — Reise — Unterricht — Gebote — Krankheit — Freundschaft — Frauen — Kinder — Feste — Fehler — Spiele — Waare — Sitten — Wünsche — Muth — Mittheilung — Fürsorge — Eismeer — Länder — Früchte — Nachricht — Brod — Warnungen — Staaten — Arbeiten — Erzählung; — Unterricht — Schicksal — Gewohnheiten — Thiere; — Aussehen — Farbe — Augen — Blumen — Begebenheit — Kinder — Menschen — Blätter — Haare — Früchte — Worte — Leben — Liebe.

    d. Durch **bar**, z. B. Schiff — schiffbar; tragen — tragbar.

Dank, Frucht, Furcht, Mann; — achten, brennen, bewohnen, denken, essen, fühlen, hören, heilen, lesen, schmelzen, trinken, theilen, wählen, zählen; — wundern, dienen, sehen, gehen.

Aufgabe 4: Verbindet das Geschlechtswort der, die, das und die gefundenen Eigenschaftswörter mit den passenden der folgenden Hauptwörter, z. B. Der schiffbare Fluß; das tragbare Kleid; die heilbare Krankheit.

Kind — Boden — Gewitter — Jüngling; — Mann — Stoff — Haus — Ding — Frucht — Schmerz — Gespräch — Krankheit — Schrift — Metall — Wasser — Gegenstand — Beamte — Menge; — Begebenheit — Geist — Welt — Münze.

e. Durch **isch**, z. B. Die Bibel — biblisch.

Bauer, Dieb, Herr, Hohn, Neid, Narr, Rom, Schelm, Sturm, Spott, Stadt, Weib, Zank; — Bube, Himmel, Erde, Krieg, Traum, Europa, Asien, Afrika, Amerika.

Aufgabe 5: Machet Sätze über die gefundenen Wörter, z. B. Neidische Menschen machen sich selbst unglücklich. Was aus Europa kommt, ist europäisch.

f. Durch **sam**, z. B. Friede — friedsam; selten — seltsam.

Gewalt, Heil, Mühe, Sitte; — genug, selten; — achten, arbeiten, aufmerken, bilden, biegen, dulden, empfinden, fürchten, lenken, rathen, sorgen, wirken, wachen; — gehorchen.

Aufgabe 6: In folgende Sätze setzet eines der gefundenen Wörter: Wer Zank und Streit meidet, ist ——. Wer sich nicht in andere Leute schicken kann, ist ein —— Mensch. Eine That, bei der Gewalt gebraucht wird, nennt man eine —— That. Eine gute Arznei ist ——. Manchen Schülern ist das Lernen zu ——. Wer sich guter Sitten befleißt, ist ——. Ein —— Kind ist auch mit Wenigem zufrieden. —— Schüler machen dem Lehrer Freude. Wer gerne arbeitet, ist ——. Wer die Meinungen Anderer gerne duldet, ist ——. Was sich leicht biegen läßt, ist ——. Die Maus erschrickt leicht; denn sie ist ——. Das Pferd folgt dem Wort und Wink; denn es ist ein —— Thier. Die Mutter ist —— für ihr Kind. Weil der Hund für seinen Herrn wacht, heißt er ein —— Thier. Ein Kind kann den Eltern seine Liebe dadurch zeigen, daß es —— ist.

g. Durch **haft**, z. B. Ernst — ernsthaft; wahr — wahrhaft.

Fehler, Fabel, Herz, Laster, Mangel, Meister, Räthsel, Scherz, Schmerz, Scham, Schüler, Tugend; — Sünde, Schaden, Riese; — bös, krank; — naschen, leben, schwatzen; — flattern, plaudern, zweifeln, lügen, stehen, schmecken.

Aufgabe 7: Verbindet das Geschlechtswort ein, eine, ein und die gefundenen Wörter mit den passenden der nachfolgenden Hauptwörter; z. B. Eine ernsthafte Warnung; ein wahrhafter Mensch.

Arbeit — Erzählung — That — Mensch — Schrift — Bild — Betragen — Wort — Krankheit — Mädchen — Schreiben — Wandel; — Leben — Waare — Baum; — Knabe — Körper; — Kind — Traum — Schüler; — Schülerin — Magd — Geschichte — Mensch — Christ — Speise.

h. Durch **ern, en, (n,)** z. B. Blei — bleiern; Flachs — flächsen; Leder — ledern.

Blech, Glas, Holz, Horn, Stahl, Stein, Stroh, Thon, Wachs, Zinn; — Eisen, Knochen.

Gold, Hanf, Lein, Tuch; — Seide, Wolle, Erde, Eiche, Tanne, Fichte; — Kupfer, Purpur, Silber.

Aufgabe 8: Verbindet die gefundenen Wörter und die Geschlechtswörter der, die, das und ein, eine, ein mit passenden Hauptwörtern, z. B. Die bleierne Kugel; ein flächsener Faden; ein lederner Schuh.

Aufgabe 9: Gebet das Gegentheil von folgenden Eigenschaftswörtern an: z. B. schön — häßlich.

alt, blind, bunt, dunkel, dünn, eng, faul, furchtsam, groß, hoch, heiß, krumm, lang, langsam, laut, lebendig, naß, nützlich, rauh, reich, sauber, schwach, schwer, voll, weich, wild.

Aufgabe 10: Machet Sätze über die vorstehenden und gefundenen Wörter; z. B. Wer **jung** nicht spart, hat nichts wenn er **alt** ist.

Bildung von Wörtern durch Vorsilben.

1. Zeitwörter.

a. Mit **be**, z. B. lügen — belügen.

rauben, trügen, hauen, sinnen, stimmen, strafen, schlagen, decken, rufen, handeln, schreiben, schimpfen, rathen, packen.

Aufgabe 1: Machet Sätze über die gefundenen Wörter, z. B. Der Arzt behandelt die Kranken.

b. Mit **er**, z. B. füllen — erfüllen.

schöpfen, dröhnen, würgen, leuchten, freuen, brechen, mahnen, nähren, flehen, glühen, rathen, frieren, schallen, kennen, messen, retten, drücken, setzen, klettern.

Aufgabe 2: Machet Sätze, z. B. Eltern können den Kindern nicht alle Wünsche erfüllen.

c. **Mit ver**, z. B. geben — vergeben.

üben, führen, schütten, pflegen, sprechen, schmähen, stehen, schieben, spielen, schließen, sinken, fallen, brennen, scharren, stocken, setzen, hallen.

Aufgabe 3: Verbindet die gefundenen Wörter mit den nachstehenden; z. B. Die vergebene Sünde.

Verbrechen — Mensch — Oel — Kranke — Geld — Geschenk — Wort — Arbeit — Summe — Thor — Schiff — Gebäude — Kohle — Knochen — Bösewicht — Pflanze — Klang.

d. **Mit zer**, z. B. beißen — zerbeißen.

fallen, fressen, nagen, stoßen, springen, schlagen, spalten, theilen, quetschen, wühlen, treten, brechen, trennen.

Aufgabe 4: Verbindet die gefundenen Wörter mit den nachstehenden; z. B. Ein zerbissenes Stück.

Haus — Holz — Knochen — Zucker — Glas — Krug — Baum — Apfel — Finger — Boden — Wurm — Fenster — Kleid.

e. **Mit ent**, z. B. decken — entdecken.

erben, ziehen, blättern, kommen, laufen, rinnen, fliegen, fliehen, springen, scheiden, wenden, zünden, schließen.

Aufgabe 5: Verbindet die gefundenen Wörter mit den folgenden in der Mehrzahl; z. B. Entdeckte Länder.

Kinder — Unterstützungen — Bäume — Gefangene — Hunde — Sklaven — Vögel — Verbrecher — Pferde — Männer — Gegenstände — Flüssigkeiten — Leute.

f. **Mit miß**, z. B. handeln — mißhandeln.

achten, brauchen, fallen, glücken, kennen, gönnen, rathen, stimmen, verstehen.

Aufgabe 6: Machet Sätze, z. B. Es ist grausam, Thiere zu mißhandeln.

2. Eigenschaftswörter.

Mit un, z. B. edel — unedel.

artig, eben, folgsam, fehlbar, glücklich, gesund, höflich, möglich, rein, sanft, sterblich, treu, wahr, zart, klug, ähnlich, recht, angenehm, ziemlich.

Aufgabe 7: Verbindet die gefundenen Wörter mit den nachstehenden; z. B. ein unedles Benehmen; unartige Kinder; der unebene Boden.

Schüler — Menschen — Eltern — Wohnung — Knabe — Dinge — Gefäß — Stoß — Seele — Freund — Erzählung — Worte — Aeußerung — Geschwister — Handlung — Arbeit — Betragen.

3. Hauptwörter

a. Mit un: Art — die Unart.

Dank, Ehre, Fall, Glück, Gunst, Heil, Kraut, Lust, Mensch, Recht, Sinn, Stern, Schuld, Treue, Tugend.

Aufgabe 8: Machet Sätze, z. B. Das Sprechen während des Unterrichts ist eine Unart.

b. Mit miß: Griff — der Mißgriff.

Gunst, Jahr, Brauch, Klang, Geschick, Laut, Muth, Ton, Vergnügen, Verständniß.

Aufgabe 9: Erkläret die gefundenen Wörter durch Sätze, z. B. Einen falschen Griff nennt man einen Mißgriff.

c. Mit ur: Ahn — der Urahn.

Bild, Enkel, Kraft, Kunde, Quell, Sache, Stoff, Sprung, Theil, Welt, Zeit.

Aufgabe 10: Erkläret die gefundenen Wörter durch Sätze; z. B. Unsere Voreltern nennen wir auch Urahnen.

d. Mit ge: Der Busch — das Gebüsch.

Berg, Flügel, Faß, Feld, Holz, Haus, Mauer, Pack, Stern, Sprache, Trank, Wasser, Wetter, Balken, Feder; — beten, brüllen, fühlen, hören, hämmern, klappern, plaudern, schwatzen, schnattern, rauschen, riechen, singen, schmecken, denken, sinnen, sehen, setzen, halten, richten, weben, zanken, knallen, bellen, beißen, brauchen, bauen.

Aufgabe 11: Machet Sätze, z. B. Der Hirsch springt durch's Gebüsch. Des Pfauen Stimme ist ein Geschrei.

e. Mit er, be und ver: tragen — der Ertrag; fehlen — der Befehl; gleichen — der Vergleich.

lassen, setzen, gießen, finden, folgen; — suchen, tragen, rufen, laufen, weisen, sitzen, denken, stehen, treiben; — dunsten, kaufen, weisen, fällen, tragen, laufen, suchen, schließen.

Aufgabe 12: Machet Sätze, z. B. Ein magerer Vergleich ist besser als ein fetter Prozeß.

Bildung von Wörtern durch Zusammensetzung.

Erklärung: Das Wort, welches die Bedeutung des zweiten näher bestimmt, nennen wir Bestimmungswort, das zweite, auf welches das erste gebaut ist, heißt Grundwort; z. B. Birnbaum.

Das Wort Birne sagt oder bestimmt, was für ein Baum gemeint ist; heißt also Bestimmungswort. Das Wort Baum giebt aber die Hauptbedeutung des Wortes und dient dem anderen als Grund und heißt darum Grundwort.

Bestimmungswort.	Grundwort.
Schiefer	tafel
Laubholz	baum
Schneider	handwerk
dunkel	blau
unter	gehen

1. Zeitwörter.

Aufgabe 1: Setzet zu folgenden Grundwörtern die Wörter an, auf, hinter, ab, aus, vor, ein, nach, um, über, unter, bei, durch, als Bestimmungswörter; z. B. treffen — antreffen.

steigen, gehen, schließen, laufen, finden, nehmen, denken, werfen, setzen, graben, stehen, schlagen.

Aufgabe 2: Setzet ein passendes Grundwort zu jedem der folgenden Bestimmungswörter; z. B. fort — fortsetzen.

nieder, wohl, weg, wider, wieder, zurück, wahr, gering.

2. Eigenschaftswörter.

Aufgabe 3: Zu nachstehenden Bestimmungswörtern setzet passende Grundwörter; z. B. Fuchs — fuchsroth.

Baum, Elle, Gras, Löwe, Thurm, Felsen, Meile, Riese, Noth, Spiegel, Schlaf, Liebe, Kupfer, Feder.

Aufgabe 4: Setzet zu nachstehenden Grundwörtern passende Bestimmungswörter; z. B. hell — sternhell.

alt, blau, blaß, breit, froh, grau, grün, gerade, gierig, hoch, hell, kalt, jung, lang, rund, scheu, schön, sauer, schwarz, schnell, voll, warm, weiß.

Aufgabe 5: Erkläret die gefundenen Wörter durch Sätze; z. B. Was so roth ist, wie der Fuchs, ist fuchsroth. Das fuchsrothe Haar. Eine Nacht, in der die Sterne leuchten, ist sternhell. Der sternhelle Himmel.

3. Hauptwörter.

Aufgabe 6: Zu jedem der folgenden Bestimmungswörter suchet mehrere passende Grundwörter; z. B. Buch — der Buchbinder, der Buchstabe, der Buchhandel.

Bier, Dach, Feder, Fisch, Finger, Feld, Garten, Haus, Holz, Jagd, Land, Meer, Messer, Mutter, Nacht, Nuß, Ofen, Pelz, Raub, See, Schiff, Stein, Thee, Thurm, Vieh, Vogel, Wald, Wasser, Zug.

Aufgabe 7: Zu jedem der gegebenen Grundwörter sollen mehrere Bestimmungswörter gesucht werden; z. B. Buch — das Jahrbuch, Tagebuch, Bilderbuch ꝛc.

Bruch, Bank, Ei, Ecke, Feder, Fleisch, Fuß, Glas, Huhn, Hut, Hund, Licht, Milch, Mann, Münze, Pferd, Ring, Schein, Stein, Säge, Tag, Tuch, Thier, Vogel, Vieh, Wirth, Wächter, Uhr, Mühle.

Aufgabe 8: Zu jedem der nachstehenden Bestimmungswörter setzet ein in der Mehrzahl stehendes passendes Grundwort; z. B. Tannen — Tannenwälder.

Sterne, Blüthen, Kleider, Knaben, Kinder, Federn, Katzen, Stuben, Götzen, Narren, Christen, Menschen, Herzen, Saiten, Schnecken, Mühlen.

Aufgabe 9: Zu jedem der folgenden Grundwörter suchet ein in der Mehrzahl stehendes Bestimmungswort; z. B. Schrank — der Bücherschrank.

Gläser, Luft, Oel, Garten, Nest, Gewebe, Binder, Bruch, Gesang, Geklirre, Buch, Geläute, Geschrei, Gebell, Gewieher, Gebrüll, Korb, Rahmen, Schlag, Haus.

Aufgabe 10: In nachstehenden Wörtern machet das Grundwort zum Bestimmungswort; z. B. Das Ballspiel — der Spielball.

Haustaube, Stuhllehne, Eckhaus, Rosenmonat, Zuckerrohr, Quellwasser, Nußbaum, Obstkern, Fruchtfeld, Gartenblumen, Taschenuhr, Tagewerk, Salzstein.

Aufgabe 11: Erkläret die Wörter der vorigen Aufgabe durch Sätze; z. B. Ballspiel ist ein Spiel mit dem Ball — Spielball ist ein Ball zum Spielen.

Aufgabe 12: Bildet zusammengesetzte Hauptwörter mit folgenden Wörtern als Bestimmungswörter: ab, an, in, ein, aus, vor, nach, um, auf, bei, mit, zu, durch; z. B. Weg — der Abweg; scheiden — der Abschied.

Wortfamilien.

Z. B.: schreiben — abschreiben, aufschreiben, einschreiben, vorschreiben, überschreiben, unterschreiben; — Schrift — Abschrift, Aufschrift, Grabschrift 2c.; — schriftlich, vorschriftlich, Beschreibung, beschrieben, geschrieben.

Aufgabe: Aus folgenden Wörtern bildet möglichst viele neue: loben, gehen, richten, sehen, gießen, bauen, fallen.

Besondere Uebungen im Rechtschreiben.

A. Wörter mit dem Umlaut ohne Ableitung.

1. Mit ä.

Säbel, Schädel, Dämmerung, schräg, krächzen, mähen.

2. Mit ö.

Oehmd, Oel, Schöps, Kröte, Höcker, öde, schnöde, blöcken, schöpfen, stöbern, fördern, dröhnen.

3. Mit ü.

Fülle, Gemüth, Hülle, Münze, Rüssel, Küste, Stülp, Kübel, Prügel, Würde, Bürde, düster, mürb, schwül, nüchtern, ungestüm, trügen, dünken, schütteln, wühlen, gebühren.

Aufgabe 1: Machet Sätze über diese Wörter.

Aufgabe 2: In nachstehenden Wörtern setzet den fehlenden Umlaut, ä, ö, ü, oder den Selbstlaut e.

Bl–ch, B–r, L–we, –rde, Gl–ck, Th–re, –rnte, Fl–te, S–ge, F–ld, L–rm, H–lle, H–gel, H–rz, L–ffel, K–nig, L–der, Bl–the, R–be, K–fer, Sch–pfer, K–rper, Thr–ne, E–nde, Br–cke, M–sser, B–rste, N–bel, Geschw–r, P–rle, M–he, R–be, H–fte, Schw–fel, St–ck, W–g, Zw–tschge; — sch–n, h–bsch, fr–ch, w–st, spr–de, d–rr, tr–b, –hnlich, s–ß, gr–n, bl–de, h–rb, m–de, –bel, schl–cht, tr–g, f–lten, z–he, fr–h, g–rn, d–nn, g–lb; — sch–tteln, br–llen, w–lben,

fr–hen, schw–ren, z–nten, br*chen, w–rgen, pr–fen, br–schen, l–schen,
fl–ttern, –chzen, k–nnen, st–rben, pfl–cken, kn–pfen, g–nnen, bl–hen,
f–hlen, st–ren, r–hren, r–chnen, f–hren, f–llen, m–lken, h–ren, –ben,
pfl–gen.

B. Wörter mit Doppellauten.

1. Mit eu.

Spreu, Zeug, Beute, Keule, Scheuer, Seuche, Seufzer, Steuer, scheu, scheuen, deuten, zeugen, heucheln.

2. Mit ai.

Kaiser, Hain, Rain, Waid.

Aufgabe 3: Machet Sätze über obige Wörter.

Aufgabe 4: In nachstehenden Wörtern setzet den fehlenden Doppellaut: ei, eu, ai.

Fr—nd, K—n, S—fe, N—n, Kr—z, H—, S—ler, L—b, M—s, Fl—sch, R—e, —le, B—n, M—, F—er, S—te, T—g, M—ster, W—se, L—chter, Schl—fe, R—nh—t, R—se; n—, r—tsch, r—n, f—l, tr—, kl—n, f—cht, th—er, h—te; fr—en, z—gen, k—chen, r—chen, w—chen, bl—chen, h—len, h—len, th—len, b—gen, l—chten, r—zen, z—chnen.

C. Wörter mit gedehntem Selbstlaut.

1. Durch Verdoppelung; 2. durch das Dehnungszeichen h; 3. durch e.

a. Wörter mit aa oder ah.

Aar, Aas, Saat, Staar, Schaar, baar; — Pfahl, Bahn, Kahn, Mahl, Wahn, Ahle; — fahl, kahl; — nahen.

Aufgabe 5: Machet Sätze über obige Wörter.

Aufgabe 6: In folgenden Wörtern setzet aa oder ah:

H—r, H—n, —l, J—r, P—r, S—l, N—m, N—men, St—l, St—t, Str—l, Z—l, Z—n, W—re, B—re, F—ne, f—ren, m—nen, l—m, z—m, m—len, w—r, n—.

b. Wörter mit ee, eh, äh, öh.

Klee, Beet, Theer, Speer, Allee, Armee; — Lehm, Kehle, Sehne, Schlehe; — wehen, wehren, dehnen, flehen, hehlen, sehnen, begehren;

— Aehre, Mährchen, Oehr, Röhre; — schmähen, gähren, spähen, stöhnen.

Aufgabe 7: Machet Sätze über obige Wörter.

Aufgabe 8: In nachstehenden Wörtern setzet das fehlende **ee, eh, äh, öh.**

Kam—l, M—ne, S—le, R—, M—l, H—e, Sch—re, B—re. Kr—e, H—rde, —re, H—r, H—le, N—e, M—r, L—ne, Schn—, Th—, Z—e, S—; — kr—en, g—nen, gesch—en, n—uen, f—len, z—e, l—r, dr—en, n—ren, z—len, k—ren, w—len, l—ren, s—en, gew—nen, n—en, st—len, g—en, st—en.

c. Wörter mit **oo, oh, uh.**

Moor, Soole; — Hohn, Mohn, Floh, Wohl; — roh, bohren; — Huhn, Ruhm, Ruhr.

Aufgabe 9: Machet Sätze über obige Wörter.

Aufgabe 10: In den nachfolgenden Wörtern setzet das fehlende **oo, oh, uh.**

L—s, L—n, K—, Sch—, M—s, M—r, —r, —r, Sch—s, R—r, Str—, R—e, B—t, S—n, B—ne, St—l, K—le, S—le; h—l, dr—en, w—nen, bel—nen, r—en.

d. Wörter mit **ih, ieh, üh, ie.**

ihnen, ihre, ihren; — wiehern, stiehlt, befiehlt; — Brühe, kühn, kühl, sprühen; — Kiel, Glied, Kies, Dienst, Trieb, Miene, Zierde, Spiegel, Kiesel, Tiegel, Striegel; — bieder, schwierig, zielen, genießen.

Aufgabe 11: Machet Sätze über obige Wörter.

Aufgabe 12: In folgenden Wörtern setzet das fehlende **ih, ieh, üh, ie.**

D—b, H—b, L—d, M—e, St—l, Sp—l, Kr—g, S—g, B—, Kn—, Zw—bel, R—gel, M—le, Gef—der, Z—ge, B—r, W—sel; k—l, v—l, w—der, f—t, h—r, s—ben, n—der, t—f, sch—f, —m, v—r, —n, —r; schl—ßen, gl—en, z—en, g—ßen, fl—ßen, bl—en, f—len, fl—en, r—chen, s—den, s—ren, fr—ren, w—len, sp—len, b—ten, r—ren, fl—gen, b—gen.

e. Wörter mit **eih** und **auh**.

Die Schleihe, der Reiher, das Geweih, der Weiher; — gedeihen, leihen, weihen, seihen, zeihen; — rauh.

Aufgabe 13: Machet Sätze über diese Wörter.

f. Wörter mit **th**.

Athem, Apotheke, Blüthe, Geräthe, Koth, Muth, Noth, Pathe, Rath, Ruthe, Werth, Wirth, Wuth, Thal, That, Thaler, Thau, Thor, Thurm, Theil; — roth, theuer; — thun, rathen, wüthen.

Aufgabe 14: Machet Sätze über diese Wörter.

D. Wörter mit geschärften Mitlauten.

a. Wörter mit **ß** und **ss**.

Guß, Paß, Baß, Biß, Faß, Roß, Schuß, Schloß, Riß, Nuß, Fluß, Schluß; — Floß, Fuß, Gruß.

Aufgabe 15: Setzet obige Wörter in die Mehrzahl.

Aufgabe 16: In nachstehenden Wörtern setzet das fehlende **ß** oder **ss**.

na—, Nä-e, drei-ig, blo—, Blö-e, gro—, Grö-e, sü—, hei—, mä-ig, Ma—, wei—, Flei—, Ga-e, Nu—, Ka-e, Ma-e, Ta-e, Schwei—, Me-er, Ki-en, Spie—, Spro-e, Me-ing, Stra-e, E-ig, Schleu-e, Se-el, Ke-el, Strau—, Ne-el, Wa-er, Kürbi—; — hei-en, ha-en, rei-en, e-en, bei-en, fre-en, gie-en, me-en, flie-en, ha-en, schie-en, fa-en, schlie-en, pa-en, sto-en, mü-en, mi-en, wi-en.

b. Wörter mit **mm, nn, rr**.

Damm, Schlamm, Grimm, Amme, Kummer, Jammer, Schimmer, Schlummer; — glimmen, hemmen, dämmern, zimmern; — Bann, Tonne, Wonne, Wanne, Schranne, Tanne, Pfennig, Zinne, Lanne; — gönnen, rinnen, rennen; — Sparren, Schmarre, Wirrwarr, Irrlicht; — starr, störrisch, harren, girren, schwirren, zerren, knurren, ilirren.

Aufgabe 17: Machet Sätze über diese Wörter.

Aufgabe 18: In den folgenden Wörtern setzet das fehlende **mm nn, rr**.

La—, Si—, He—, Ka—, Schwa—, Ki—, Zi—, Na—, Ka—en, Sta—, Su-e, Sti-e, Fla-e, Ma—, So-e, Pfa-e,

Pfa—er, Ka—er, Ha—er, Ta—e, Ka—e, J—thum, Zi—er, He—e. So—er, Spi—e, Hi—el, Do—er, Bru—en; — ko—en, ke—en, i—en, schwi—en, kö—en, mu—en, sti—en, su—en, bru—en, ne—en, bre—en, tre—en, bö—en, kna—en, verwi—en, hä—ern, ja—ern, gewi—en, begi—en, kü—ern, eri—ern.

c. Wörter mit ll und ff.

Zoll, Wall, Halle, Grille, Scholle, Zelle, Schwelle, Kapelle, Heller; — grell, toll; — gellen, prallen, prellen, wallen, zollen, schnellen; — Kniff, Griff, Pfiff, Waffel, Pantoffel; — schroff, straff; — gaffen, klaffen, raffen, waffnen.

Aufgabe 19: Machet Sätze über obige Wörter.

Aufgabe 20: In folgenden Wörtern setzet das fehlende ll oder ff.

Schi—, Sto—, Ba—, Fa—, Sta—, Wa—e, Nu—, A—e, Kna—, Ga—e, Gri—el, Fa—e, Bri—e, Wo—e, Sta—el, We—e, Hö—e, Ko—er, Pfe—er, Te—er, Zi—er, Ke—er, Karto—el; — he—, vo—, sti—, o—en, a—ein; ho—en, ba—en, be—en, brü—en, scha—en, ste—en, schna—en, tre—en, wo—en, scha—en, kna—en.

d. Wörter mit tt und pp.

Kitt, Spott, Schutt, Ritt, Kutte, Hütte, Rotte, Wette, Stätte, Wittwe, Splitter, Gitter, Natter, Mittel, Kittel, Knüttel, Lettern; — satt, nett; — flattern, schmettern; — Mappe, Nippe, Krippe, Klappe, Schuppen, Gruppe, Steppe, Knappe, Wappen, Pipper.

Aufgabe 21: Machet Sätze über obige Wörter.

Aufgabe 22: In nachstehenden Wörtern setzet das fehlende tt oder pp.

Li—e, Go—, Be—, Ka—e, Bla—, Fe—, Bre—, Schu—, Schi—e, Tri—, Schri—, Ke—e, Su—e, Ra—e, Pla—e, Na—e, Mu—er, Bu—er, We—er, Tre—e, Gewi—er, Fu—er, Scha—en, La—en, Schli—en, Sa—el, Tru—en, Ze—el, Krü—el; gla—, se—, kna—; bi—en, schle—en, we—en, ta—en, schna—ern, tri—eln, fle—ern, za—eln, sto—ern, be—eln.

e. Wörter mit ck und tz.

Strick, Speck, Fleck, Zweck, Locke, Frack, Blick, Hecke, Ecke, Hacke,

Socken, Becken, Buckel; — locker, wacker, stecken, nicken, strecken, zwicken; — Witz, Trotz, Klotz, Tatze, Ritze, Pfütze; — spritzen, platzen, schätzen, ätzen, wetzen.

Aufgabe 23: Machet Sätze über obige Wörter.

Aufgabe 24: In nachstehenden Wörtern setzet das fehlende ck oder tz.

Bli–, Bo–, Ei–, Ro–, Sa–, Sa–, Sto–, Ne–, Pa–, Pu–, Schu–, Glü–, Stü–, Schmu–, Pla–, Dru–, Mü–e, Ka–e, De–e, Hi–e, Mü–e, Brü–e, Schne–e. Stü–e, Pre–el, Glo–e, Rü–en, Schre–en, Du–end, De–el, A–er; — bi–, tro–en, si–en, ba–en, se–en, ha–en, bü–en, schwi–en, de–en, kra–en, we–en, pu–en, dru–en, schlu–en, ergö–en, pa–en, verle–en.

f. Wörter mit bb, dd, dt, gg.

1. Mit bb.

Ebbe, Robbe, Krabbe.

2. Mit dd.

Trodbel, Widder, Jeddo.

3. Mit dt.

Stadt, todt, tödten, verwandt, gewandt, gesandt.

4. Mit gg.

Die Dogge, die Egge, die Flagge, der Roggen.

Aufgabe 24: Machet Sätze über obige Wörter.

g. Wörter mit v und ph.

Vesper, Vitriol, Frevel, Larve, brav.
Epheu, Amphibie, Ephraim, Alphabet, Triumph.

Aufgabe 25: Machet Sätze über obige Wörter.

Aufgabe 26: In nachstehenden Wörtern setzet das fehlende v oder ph.

—olf, —ilipp, —ers, —ater, So—ie, So—a, —etter, Jose—, —ogel, Avol—, —eilchen, —ernunft, Ste—an, Rudol—, —erstand, Pro—et, Ele—ant, —orrath, —ioline, Ner–, Pul–er, Geogra—ie, Skla–e, Kla–ier; –ier, –oll, –iel, –on, –or.

h. Wörter mit chs und x.

Lachs, Achse, Achsel, Deichsel, Eidechse, Weichsel, Drechsler.
Text, Luxus, Exempel, Firstern.

Aufgabe 27: Machet Sätze über obige Wörter.

Aufgabe 28: In folgenden Wörtern setzet das fehlende **chs** oder **x**.

Fu—, A-t, Lu—, He-e, La—, Ma-, O—, Bu-, Wa—, Fla—, E-amen, Wu—, Bü—e, Wi—e, Gewä—.

i. Wörter mit **qu**.

Quelle, Quaste, Quader, Qual, Qualm, Quarz, Quart, Quitte, Quirl, Quittung, Quartier, Quecksilber; — quer, quitt, bequem.

Aufgabe 29: Machet Sätze über obige Wörter.

j. Wörter mit c und ch.

Cigarre, Ceder, Citrone, Centner, Cäcilie, Ceremonie, Ceilon, Cäsar, Cyrus, Cypern, Recept.

Carl, Cur, Concert, Clara, Caroline, Credit, Doctor, Director, Accord.

Christ, Christus, Christian, Christine, Chor, Choral, Chronik, Chirurg, China.

k. Wörter mit **t**, lautend wie z.

Nation, Station, Portion, Ration, Motion, Lection, Reformation, Constantia, Pontius, Patient.

Aufgabe 30: Machet Sätze über folgende ähnlich lautende Wörter:

l. Aehnlich lautende Wörter.

Beeren, Bären — Welle, Wälle — Besen, Bösen — Tiger, Tücher — Rede, Röthe, Räthe — Meere, Möhre, Mähre — Ziege, Züge — Ziegel, Zügel — Ehre, Oehre, Aehre — Bürge, Birke — Sehne, Söhne — Kiste, Küste — Feier, Feuer — Weise, Waise — Meise, Mäuse — Mandel, Mantel — Feder, Vetter, Väter — Gasse, Kasse — Seele, Säle — Hüte, Hütte — Fuder, Futter — Seide, Seite, Saite — Greis, Kreis; — liegen, lügen — leiden, leiten, läuten — lesen, lösen — dingen, düngen — heilen, heulen; — drei, treu — vier, für — nein, neun.

Zweiter Theil.
Die Wortarten und ihre Biegung.

---

1. Das Hauptwort (Dingwort).

Wörter, die uns eine Person oder Sache nennen, heißen wir Hauptwörter oder Dingwörter; die Hauptwörter sind darum entweder a. **Personennamen** oder b. **Sachnamen**.

a. **Personennamen.**

Albert, Wilhelm, Marie, Anna, Vater, Schwester, Herr, Lehrer, Schlosser, Kaufmann.

Aufgabe 1: Schreibet 25 Personennamen auf.

b. **Sachnamen.**

Philadelphia, Delaware, Samstag, Sonne, November, Vogel, Hund, Baum, Gebirge, Weizen, Fleiß, Freude, Dankbarkeit.

Aufgabe 2: Schreibet 25 Sachnamen.

Aufgabe 3: Aus nachstehenden Sätzen schreibet die Hauptwörter heraus, zuerst die Personennamen, dann die Sachnamen.

Adam und Eva waren die ersten Menschen. Der Delaware ist ein Strom. Aus Europa kommen jedes Jahr viele Leute nach Amerika. Im Herbst bestellt der Landmann sein Feld. Washington schämte sich schon als Knabe, eine Unwahrheit zu sagen. Der Schlosser braucht Hammer und Feile. Der Adler ist ein Raubvogel, der Wolf ein Raubthier. In unserem Lande giebt es keine Fürsten und keine Unterthanen. Der treue Hund versteht das Wort seines Herrn. Der Jäger zieht zum grünen Wald.

Das Geschlecht der Hauptwörter.

Geschlechtswort.

a. Man theilt die Hauptwörter in männliche, weibliche und sächliche. Dieses nennt man die Eintheilung nach dem Geschlecht.

b. Die Wörter, durch welche man das Geschlecht bezeichnet, heißen Geschlechtswörter oder Artikel; die bestimmten sind: **der, die, das** — und die unbestimmten oder allgemeinen: **ein, eine, ein.**

Aufgabe 4: Aus folgendem Lesestück schreibet die Hauptwörter und setzet das passende Geschlechtswort, zum Theil das bestimmte, zum Theil das unbestimmte, dazu.

Die junge Ziege und der Wolf.

Eine Ziege ging aus ihrem Stalle auf die Weide, und warnte ihr Töchterlein ernstlich, in ihrer Abwesenheit ja Niemandem die Thüre zu öffnen. Kaum war sie fort, so pochte schon ein Wolf an die Stallthür, meckerte wie eine Ziege und hieß das Zieglein aufmachen. Aber das Thierchen dachte an die Warnung seiner Mutter, sah durch eine Spalte und erkannte den Wolf. „Ich mache nicht auf," sprach es, „ob du gleich die Stimme einer Ziege nachmachst; ich sehe es an deiner Gestalt, daß du ein Wolf bist und mich fressen willst."

Biegung des Hauptworts mit dem Geschlechtswort.

1. Zahlbiegung.

Die Veränderungen, welche mit Hauptwörtern vorgehen, dadurch, daß man sie von der Einzahl in die Mehrzahl setzt, nennt man die Zahlbiegung; z. B. Der Strauß ist der größte Vogel — die Strauße sind die größten Vögel.

In der Mehrzahl verwandeln sich alle bestimmten Geschlechtswörter in die. Der unbestimmte Artikel hat keine Mehrzahl. Manche Hauptwörter nehmen in der Mehrzahl ein e, en, er, n an.

Z. B. Der Arm — die Arme.
Der Pfau — die Pfauen.
Das Kind — die Kinder.
Die Kugel — die Kugeln.

Aufgabe 5: Suchet von jeder dieser Art Hauptwörter 5 weitere Beispiele.

Manche Hauptwörter bekommen in der Mehrzahl nur den Umlaut.
  Z. B. Der Ofen — die Oefen.
  Die Mutter — die Mütter.
  Der Kasten — die Kästen.
Aufgabe 6: Suchet 20 weitere Hauptwörter dieser Art.
Andere Hauptwörter erhalten in der Mehrzahl den Umlaut und eine Endung.
  Z. B. Die Hand — die Hände.
  Das Schloß — die Schlösser.
  Der Baum — die Bäume.
Aufgabe 7: Suchet 15 weitere Hauptwörter dieser Art.
Andere Hauptwörter verändern sich nicht in der Mehrzahl, und diese ist nur durch den Artikel angezeigt.
  Z. B. Der Brunnen — die Brunnen.
  Das Mäuslein — die Mäuslein.
  Der Finger — die Finger.
  Das Strümpfchen — die Strümpfchen.
Aufgabe 8: Suchet 15 Hauptwörter dieser Art.
Manche Wörter haben keine Mehrzahl; z. B.
  Sand, Mehl, Jakob, Wilhelm, Jordan.
Aufgabe 9: Schreibet noch 15 weitere Hauptwörter dieser Art.

2. Fallbiegung.

Die Veränderungen, welche am Hauptworte und Geschlechtsworte durch die Fragen: wer? wessen? wem? wen? vorgehen, nennt man die Fallbiegung (Declination). Jede einzelne Veränderung heißt ein Fall.

Es giebt darum 4 Fälle: den 1. oder Wer-Fall, den 2. oder Wessen-Fall, den 3. oder Wem-Fall und den 4. oder Wen-Fall.

Aufgabe 10: Auf folgende Fragen schreibe die Antworten:

Wer lebt im Wasser? Wessen Haar nennt man Wolle? Wem giebt der Lehrer Strafe? Wen lieben die Eltern? Was fällt aus den Wolken? Wessen Thieres Stimme nennt man Brüllen? Wem legt man einen Zügel an? Wen legt man an die Kette?

Aufgabe 11: Beantwortet folgende Fragen:

Wer-Fall:

Wer oder was lernt, lehrt, hüpft, kriecht, heult? Wer oder was ist fruchtbar, furchtbar, schlau, flüssig, allmächtig, tödtlich, gefährlich? Wer oder was hat Blüthen,

Stengel, Wurzeln, Krallen, Haare, Federn, Rüssel, Mähne, Hufen? Wer oder was wird gelobt, getadelt, belohnt, gestraft, gehämmert, gehobelt, geschossen, gesetten.

Wessen-Fall:

Wessen Farbe ist blau, grün, schwarz, roth? Wessen Haut ist glatt, behaart, schuppig? Wessen Blut ist warm, kalt? Wessen Hufe sind gespalten, ungespalten? Wessen Füße sind plump, schlank? Wessen Ohren sind kurz, lang? Wessen bedient sich der Schüler, der Schreiner, der Zimmermann, der Schneider, der Schuster? Wessen bedarf der Hungrige, der Durstige, der Blinde, der Kranke, der Arme? Wessen schämt sich der Ehrliche, der Arbeitsame, der Aufrichtige?

Wem-Fall:

Wem gehorcht der Schüler, der Diener, der Christ, das Kind? Wem befiehlt der Vater, die Mutter, der Hauptmann? Wem gebührt Lob, Tadel, Dank, Ehre, Lohn, Strafe? Wem stellt nach der Fuchs, der Adler, die Katze, der Wolf, der Raubfisch?

Wen-Fall:

Wen oder was bewacht der Hund, liebt das Kind, braucht der Arbeiter, der Landmann, macht der Uhrmacher, malt der Maler, schlachtet der Fleischer?

Biegung des Hauptworts mit dem Geschlechtswort.
Erste Art.

Hauptwörter, die im zweiten Falle der Einzahl ein s oder es bekommen.

Einzahl.		Mehrzahl.	
1. Fall, wer, was?	der Kasten,	1. Fall, wer, was?	die Kästen,
2. „ wessen?	des Kastens,	2. „ wessen?	der Kästen,
3. „ wem?	dem Kasten,	3. „ wem?	den Kästen,
4. „ wen?	den Kasten.	4. „ wen?	die Kästen.

Einzahl.		Mehrzahl.	
1. Fall, wer, was?	das Kind,	1. Fall, wer, was?	die Kinder,
2. „ wessen?	des Kindes,	2. „ wessen?	der Kinder,
3. „ wem?	dem Kinde,	3. „ wem?	den Kindern,
4. „ wen?	das Kind.	4. „ wen?	die Kinder.

Einzahl.	
1. Fall, wer, was?	ein Ofen,
2. „ wessen?	eines Ofens,
3. „ wem?	einem Ofen,
4. „ wen?	einen Ofen.

Aufgabe 12: Auf ähnliche Weise biege folgende Wörter:

Räuber, Buch, Daumen, Uebel, Stein, Igel, Jahr, Bach, Kloster, Holz, Wanderer, Veilchen, Lied, Schreibebuch, Tempel, Wagenrad,

Vortheil, Schlüssel, Land, Verbrecher, Gefängniß, Wasser, Fuhrmann, Wunder, Staat.

Zweite Art.

Hauptwörter, die im zweiten Falle der Einzahl **n** oder **en** erhalten.

Einzahl.		Mehrzahl.	
1. Fall, wer, was?	der Löwe,	1. Fall, wer, was?	die Löwen,
2. „ wessen?	des Löwen,	2. „ wessen?	der Löwen,
3. „ wem?	dem Löwen,	3. „ wem?	den Löwen,
4. „ wen?	den Löwen.	4. „ wen?	die Löwen.

Einzahl.		Mehrzahl.	
1. Fall, wer, was?	der Mensch,	1. Fall, wer, was?	die Menschen,
2. „ wessen?	des Menschen,	2. „ wessen?	der Menschen,
3. „ wem?	dem Menschen,	3. „ wem?	den Menschen,
4. „ wen?	den Menschen.	4. „ wen?	die Menschen.

Einzahl.
1. Fall, wer, was? ein Christ,
2. „ wessen? eines Christen,
3. „ wem? einem Christen,
4. „ wen? einen Christen.

Aufgabe 13: Bieget auf ähnliche Weise folgende Wörter:

Arme, Affe, Bote, Graf, Fels, Pfau, Hirt, Knabe, Soldat, Heide, Planet, Narr, Prinz, Held.

Dritte Art.

Hauptwörter, die sich in der Einzahl nicht verändern.

Einzahl.		Mehrzahl.	
1. Fall, wer, was?	die Blume,	1. Fall, wer, was?	die Blumen,
2. „ wessen?	der Blume,	2. „ wessen?	der Blumen,
3. „ wem?	der Blume,	3. „ wem?	den Blumen,
4. „ wen?	die Blume.	4. „ wen?	die Blumen.

Einzahl.
1. Fall, wer, was? eine Uhr,
2. „ wessen? einer Uhr,
3. „ wem? einer Uhr,
4. „ wen? eine Uhr.

Aufgabe 14: Bieget auf ähnliche Weise folgende Wörter:

Bank, Eule, Nase, Feder, Farbe, Nacht, Mutter, Luft, Zwiebel, Frau, Wirthin, Sonne, Birne, Schrift, Hand, Gans, Maus.

2. Das Eigenschaftswort.

Wenn wir von einem Dinge aussagen, wie es ist oder sein kann, so geben wir eine Eigenschaft des Dinges an.

Die Wörter, durch welche wir die Eigenschaften der Dinge angeben, heißen **Eigenschaftswörter**.

Aufgabe 15: Schreibet von folgenden Dingen, wie sie sind oder sein können:

Haus, Baum, Pferd, Kind, Wasser, Milch, Glas, Wetter, Obst, Grab, Brunnen, Kreide, Teller, Wein, Löwe, Hund, Eiche, Brod, Salz, Papagei, Rose, Aal.

Aufgabe 16: Welche Dinge sind

klein, schwarz, reif, groß, breit, dünn, fest, scharf, eng, heiß, tief, durchsichtig, dicht, zerbrechlich, flink, stark, falsch, gütig, feucht, trocken, giftig.

Aufgabe 17: In folgendem Lesestück unterstreichet die Eigenschaftswörter.

Der Pfau ist ein wunderschöner Vogel; am Hals ist er glänzend blau. Auf dem zierlichen Kopfe trägt er einen kleinen Federbusch wie einen Strauß. Der Schweif ist lang und überaus schön, besonders wenn er damit ein Rad schlägt. Alle Jahre im Herbst verliert er seine prächtigen Farben. Die Füße sind nicht schön; sein Geschrei ist sogar sehr häßlich.

Biegung des Eigenschaftsworts.

Erste Art.

Das Eigenschaftswort mit dem bestimmten Geschlechtswort und Hauptwort.

Einzahl.

1. Fall, der hohe Thurm,   1. Fall, das graue Haar,   1. Fall, die rothe Lippe,
2. „ des hohen Thurmes,   2. „   des grauen Haares, 2. „   der rothen Lippe,
3. „ dem hohen Thurme,   3. „   dem grauen Haare,   3. „   der rothen Lippe,
4. „ den hohen Thurm.   4. „   das graue Haar.   4. „   die rothe Lippe.

Mehrzahl.

1. Fall, die schönen Sterne,
2. „   der schönen Sterne,
3. „   den schönen Sternen,
4. „   die schönen Sterne.

Aufgabe 18: Bieget auf ähnliche Weise:

Der blaue Himmel, der fruchtbare Baum, die prächtige Sonne, die saure Milch, das frische Wasser, das dünne Glas, die muthigen Krieger, die falschen Katzen.

Zweite Art.
Das Eigenschaftswort mit dem unbestimmten Geschlechtswort und Hauptwort.

1. Fall, ein freier Mann,   1. Fall, ein gehorsames Kind,
2. „   eines freien Mannes   2. „   eines gehorsamen Kindes,
3. „   einem freien Manne,   3. „   einem gehorsamen Kinde,
4. „   einen freien Mann.   4. „   ein gehorsames Kind.

1. Fall, eine wohlriechende Blume,
2. „   einer wohlriechenden Blume,
3. „   einer wohlriechenden Blume,
4. „   eine wohlriechende Blume.

Aufgabe 19: Bieget ebenso:

Eine schöne Erzählung, ein boshafter Mensch, ein zerbrochenes Fenster, eine verschlossene Thüre, ein baufälliges Haus, ein hoher Thurm, ein runder Tisch, eine schöne Handschrift, ein blaues Auge.

Dritte Art.
Das Eigenschaftswort mit dem Hauptwort ohne Geschlechtswort.

Einzahl.

1. Fall, hoher Baum,   1. Fall, gute Mutter,   1. Fall, schönes Wetter,
2. „   hohen Baumes,   2. „   guter Mutter,   2. „   schönen Wetters,
3. „   hohem Baume,   3. „   guter Mutter,   3. „   schönem Wetter,
4. „   hohen Baum.   4. „   gute Mutter.   4. „   schönes Wetter.

Mehrzahl.
1. Fall, rothe Rosen,
2. „   rother Rosen,
3. „   rothen Rosen,
4. „   rothe Rosen.

Aufgabe 20: Bieget ebenso:

Stolzer Sinn, frühes Grab, reine Luft, gute Nachricht, tiefer Schnee, trocknes Erdreich, fruchtbare Felder, dunkle Wälder, liebliche Lieder, bunte Federn.

Aufgabe 21: In folgenden Sätzen setzet die fehlenden Eigenschaftswörter:

a. Der —— Schüler wird gelobt. Ein —— Name ist mehr werth als Schätze Goldes. Das —— Kleid wird geflickt. Ein —— Pferd läßt sich zähmen. Die —— Sonne erwärmt die Erde. Die Kartoffel ist eine —— Frucht. Die —— Blätter fallen ab. —— Kinder betrüben ihre Eltern. —— Wasser ist ein —— Getränk.

b. Die Eltern freuen sich des —— Kindes. Gott ist der Schöpfer des —— Elephanten und der —— Mücke. Der Empfang einer —— Nachricht macht uns Freude. Das Bewußtsein eines —— Gewissens macht glücklicher, als der Besitz —— Reichthums. Die Namen —— Freunde sind uns theuer.

c. Die Nußkerne geben uns —— Oel. Ein guter Baum bringt —— Früchte; aber ein fauler Baum trägt —— Frucht. Die Fische haben —— Blut. Rohe Gesellschaft erzeugt —— Sinn. Böse Beispiele verderben —— Sitten. Der Pfau hat einen —— Schweif. Vom Schaf erhalten wir eine —— Wolle. Im Winter setzt man sich gerne an den —— Ofen. Aus der Quelle erhalten wir —— Wasser. Die Sonne sendet ihre ——Strahlen auf die —— Erde.

d. Fliehe vor der Sünde wie vor einer —— Schlange. Ein guter Mensch gleicht einem —— Baum. Ein sparsamer Mensch hütet sich vor —— Ausgaben. Der Ehrliche bewahrt seine Hände vor —— Gute. Besser allein, als in —— Gemein! Von dem —— Wasser steigt Dampf auf.

Steigerung des Eigenschaftswortes.

Es gibt viele Dinge, welche gleiche Eigenschaften besitzen, z. B. Das Haus ist hoch, der Baum ist hoch, der Thurm ist hoch; wenn wir aber dieselben mit einander vergleichen, so finden wir, daß ihnen diese Eigenschaften oft in verschiedenen Graden zukommen.

Z. B. Das Haus ist höher als der Baum, und der Thurm ist unter allen am höchsten.

Man nennt die Veränderungen, welche an den Eigenschaftswörtern durch solche Vergleichung vorgehen, die Steigerung, und die verschiedenen Grade der Vergleichung oder Steigerung heißen Vergleichungs- oder Steigerungsgrade.

Im ersten Vergleichungsgrade wird mehreren Dingen eine Eigenschaft in demselben Grade zugeschrieben; z. B. Der Hehler ist so schlimm wie der Stehler.

Aufgabe 22: Bildet aus folgenden Wörter Sätze im ersten Vergleichungsgrade:

Hund Katze nützlich — Gott Vater gütig — Hund springen schnell Hase — Apfel Birne saftig — Kirschbaumblüthe weiß Schnee —

Unreife Kirsche grün Klee — reife Kirsche roth Blut — Wolf groß Hund — Moor Kohle schwarz.

Beim zweiten Vergleichungsgrade wird einem Dinge eine Eigenschaft in höherem Grade als einem andern zugeschrieben; z. B. Die Eiche ist höher als der Birnbaum.

Aufgabe 23: Vereiniget nachstehende Wörter in Sätze des zweiten Vergleichungsgrades:

Rose Tulpe schön — Quellwasser Flußwasser klar — Sonne Mond hell — Sommertag Wintertag lang — Frühling Winter angenehm — Wolf Hund stark — Fisch schwimmen Gans gut — Strom fließen langsam Fluß — Minute Stunde lang — Dampfschiff fahren schnell Segelschiff — Berg Hügel hoch.

Bei dem dritten Vergleichungsgrade wird einem Gegenstand eine Eigenschaft im höchsten Grade beigelegt; z. B. Auf hohen Bergen trifft man die klarste Luft.

Aufgabe 24: Folgende Wörter vereinigt in Sätze des dritten Vergleichungsgrades:

Hund treu Thier — Fuchs listig Thier — Gold kostbar Metall — Meer Gewässer tief — Nordwind kalt — Sommer heiß — Diamant kostbar Edelstein — Elephant groß Landthier — Strauß groß Vogel — Adler Gesicht scharf.

Einige Eigenschaftswörter werden unregelmäßig gesteigert, z. B. hoch, nah, gut, viel, bald, gern.

Manche Eigenschaftswörter können nicht gesteigert werden; z. B. todt, grasgrün, silbern, ewig, kupfern.

Aufgabe 25: Steigert die unregelmäßigen Eigenschaftswörter und suchet noch mehr Eigenschaftswörter, die man nicht steigern kann.

Aufgabe 26: Bieget folgende Wörter:

Bessere Früchte, das beste Wasser, ein höherer Preis, die höchsten Thürme, das meiste Geld, die nächste Herberge, ein näherer Weg.

Das Eigenschaftswort wird zum Hauptwort, wenn man den Artikel davor setzt und kein Hauptwort nachfolgt oder vorhergeht, worauf es sich bezieht; z. B. reich, der Reiche — arm, der Arme. — Der Reiche soll gegen den Armen nicht hartherzig sein.

Aufgabe 27: Folgende Eigenschaftswörter verwandelt in Hauptwörter und wendet sie dann in Sätzen an:

aufrichtig, blind, durstig, ehrlich, fromm, gottlos, gerecht, herzhaft, krank, müde, nützlich, schädlich, treu, furchtlos, furchtsam, träge, fleißig.

3. Das Zahlwort.

Wörter, durch welche wir die Zahl oder Menge der Dinge angeben, nennen wir Zahlwörter.

Die Zahlwörter werden in Verbindung mit dem Hauptwort gebraucht, wie die Eigenschaftswörter; z. B. Fünf Finger an einer Hand.

Aufgabe 28: Machet 10 ähnliche Verbindungen.

Die Zahlwörter werden auf ähnliche Weise wie die Eigenschaftswörter zu Hauptwörtern; z. B. Die Letzten werden die Ersten sein.

Aufgabe 29: Machet 6 ähnliche Sätze.

Wir unterscheiden bestimmte und unbestimmte Zahlwörter; z. B. drei, sieben, neunzehn, sind bestimmte Zahlwörter, weil sie die Zahl der Gegenstände bestimmt angeben, dagegen manche, viele, wenige — mehr, ganz, halb, jeder, alle, keiner, bezeichnen die Anzahl oder Menge der Dinge nur unbestimmt und heißen darum unbestimmte Zahlwörter.

Aufgabe 30: Machet 6 Sätze mit bestimmten und 6 Sätze mit unbestimmten Zahlwörtern.

Die bestimmten Zahlwörter sind entweder

a. Grundzahlwörter, wenn sie einfach die Zahl der Dinge angeben; z. B. vier, dreizehn, sechszig u. s. w.

Aufgabe 31: Schreibet die Zahlen von 10—60 in Grundzahlwörtern.

Oder sie sind

b. Ordnungszahlwörter, wenn sie angeben, das wie vielte Ding ein Gegenstand in einer Reihe sei; z. B. der erste, sechste u. s. w.

Aufgabe 32: Schreibet die Zahlen von 1—10 und 70—110 mit Ordnungszahlwörtern.

4. Das Zeitwort oder Thätigkeitswort.

Wir sagen von den Dingen nicht nur aus, was oder wie sie sind, sondern auch was sie thun; z. B. Die Wiese grünt, der Vogel baut.

Aufgabe 33: Machet 15 Sätze, in denen angegeben ist, daß ein Ding etwas thut.

Die Wörter, durch welche wir angeben, was die Dinge thun, nennen wir Thätigkeitswörter, und weil wir durch gewisse Veränderungen dieser Wörter auch die

Zeit bezeichnen, in welcher etwas gethan wird, so nennen wir sie auch Zeitwörter. Z. B. gehen, fahren, baden, athmen — drücken Thätigkeiten aus.

Die Veränderungen: geht, gefahren, gebadet, athmete — geben die Zeit der Thätigkeit an.

Aufgabe 34: Aus folgenden Sätzen schreibet die Zeitwörter auf:

Womit man sündiget, damit wird man gestraft. Vergleichen und vertragen ist besser als zanken und klagen. Nach der That gilt der Rath. Wer will haben gute Ruh, der höre, seh', und schweig dazu. Wer gern gibt, fragt nicht lange. Was frühe reift, fault bald. Wer hoch steigt, fällt tief. Wie gewonnen, so zerronnen. Wer Gott vertraut, hat wohl gebaut. Wer viel begehrt, dem mangelt viel. Geduld behält das Feld.

Man kann die Zeitwörter leicht daran erkennen, daß man

ich, du, er, wir, ihr, sie oder es

davor setzen kann; z. B. ich sehe — du freust dich — er fängt einen Fisch — wir freuen uns — ihr schämet euch — sie besuchen uns — es donnert — es blitzt u. s. w.

Aufgabe 35: Folgende Zeitwörter setzet in Verbindung mit diesen Wörtern:

danken, loben, hüten, pflanzen, tödten, fangen, suchen, schmecken, essen, fliegen, weinen, lachen, leben, irren, widersetzen, ärgern, regnen, schneien, gefrieren, hageln.

Z. B. ich danke, du dankst, er dankt, wir danken, ihr danket, sie danken; — ich irre mich, du irrest dich, er irrt sich, wir irren uns, ihr irret euch, sie irren sich; — es wetterleuchtet, es thaut.

Gibt man die Zeitwörter ohne Verbindung mit einem dieser Wörter, so nennt man das ihre Grundform und sie haben dann die Endungen **en, ern, eln,** z. B. springen, blättern, lächeln.

Aufgabe 36: Schreibet die Zeitwörter in Aufgabe 34 in der Grundform.

Die Zeiten.

Wenn ich sage: es regnet, so geschieht dieses jetzt, — sage ich: es hat geregnet, so ist es schon geschehen, — und wenn ich sage: es wird regnen, so wird es erst geschehen.

Wir nennen die Zeit, in der etwas geschieht, die gegenwärtige Zeit oder Gegenwart, — die Zeit, in der etwas geschehen ist, die vergangene Zeit oder Vergangenheit, — und die Zeit, in der etwas geschehen wird, die zukünftige Zeit oder Zukunft.

Aufgabe 37: Folgende Sätze drücket in den Zeitformen aus, in denen sie nicht hier stehen:
1. Gegenwart: Das Feuer brennt. Jeder Mensch fehlt. Dünnes Glas zerbricht leicht. Der Jäger stellt dem Wildpret nach. Die Ruhe thut dem Müden wohl. Jedes Unrecht straft sich selbst. Der Landmann bestellt sein Feld. Der Lehrer unterrichtet verständlich.
2. Vergangenheit: Der Schnee ist geschmolzen. Das Kind hat geweint. Der Bach hat das Feld überschwemmt. Der Fluß hat die Brücke weggerissen. Abends ist die Sonne untergegangen. Wegen Krankheit bin ich nicht zur Schule gegangen. Der Leichtsinn hat manchem Kinde Schmerz gebracht. Durch Unvorsichtigkeit ist schon viel Unglück geschehen.
3. Zukunft: Der Knabe wird zum Manne erwachsen. Die Traube wird im Herbste reifen. Eine Mutter wird ihres Kindes nicht vergessen. Das Christfest wird den Kindern Freude bringen. Der Lehrer wird den Faulen nicht loben. Der Aufrichtige wird nie lügen. Der Ehrliche wird nicht betrügen. Der Kluge wird nicht Alles glauben, was er hören wird.

Aufgabe 38: Die Zeitwörter in Aufgabe 35 bringet in Sätzen nach dem obigen Beispiel in den drei verschiedenen Zeitformen; z. B. Gegenwart: Der Hirt hütet die Schafe; Vergangenheit: Der Hirt hat die Schafe gehütet; Zukunft: Der Hirt wird die Schafe hüten.

Die erste oder Mit-Vergangenheit.

Wenn ich statt: Der Schnee ist geschmolzen, das Kind hat geweint — sage: Der Schnee schmolz, das Kind weinte — so drücke ich die Thätigkeiten **schmelzen** und **weinen** ebenfalls in der Vergangenheit aus.

Wir nennen diese Vergangenheit die **erste** oder **Mit-Vergangenheit** weil man sich mit dieser Thätigkeit eine andere denken kann, welche zu gleicher Zeit mit ihr vorging; z. B. Der Schnee schmolz, als die Sonne schien. Das Kind weinte, als es sein Spielzeug zerbrach.

Aufgabe 39: Von folgenden Zeitwörtern bildet die Gegenwart, die erste oder Mitvergangenheit und die zweite Vergangenheit; z. B. weinen — weint, weinte, geweint; schmelzen — schmilzt, schmolz, geschmolzen.

1. achten, beten, bauen, danken, eilen, fragen, fassen, glänzen, hintern, jagen, kämmen, läuten, leiten, martern, neigen, opfern, ordnen, prügeln, peinigen, quälen, reinigen, rauchen, stürzen, steinigen, verkündigen, wählen, zünden.

2. bringen, binden, denken, essen, fallen, geben, gehen leben, halten, lassen, lügen, liegen, messen, reiten, reiben, streiten, sinken, trinken, treten, wägen, ziehen.

Die dritte oder Vorvergangenheit.
„Der Vogel war fortgeflogen, als der Jäger zielte."
Hier sind zwei vergangene Thätigkeiten — fortfliegen und zielen. Die erstere aber war schon vorüber, als die letztere anfing; sie war **vor** der letzteren geschehen, — darum nennt man die erstere Zeitform die **Vorvergangenheit**.

Aufgabe 40: Folgende Sätze gebet in der dritten oder Vorvergangenheit:
Es regnet, wenn ein Gewitter kommt. Das Haus brennt oft ab, während man es löschen will. Das Glas zerbricht, wenn es auf den Boden fällt. Wenn der Frühling kommt, geht Eis und Schnee. Wenn der Apfel fault, fällt er vom Baum. Wenn die Eltern ermahnen, gehorcht das Kind. Der Bach vertrocknet, weil es lange nicht regnet. Das Kind wirft sein Spielzeug aus dem Fenster, und es zerbricht.
Beispiel: Wenn das Getreide reif ist, reißt man das Unkraut aus. Man hatte das Unkraut ausgerissen, als das Getreide reif wurde.

Die zweite oder Vor-Zukunft.
„Die Sonne wird aufgegangen sein, wenn du vom Schlafe erwachst."
Hier haben wir zwei zukünftige Thätigkeiten. Die erstere jedoch geht der zweiten voran, und wird darum **Vorzukunft** genannt.

Aufgabe 41: Die Sätze unter Aufgabe 40 schreibet in der Vorzukunft; z. B. Es wird geregnet haben, ehe ein Gewitter kommt.

Die Hilfszeitwörter.
Diejenigen Zeitwörter, mit deren Hilfe wir die Vergangenheit und Zukunft bilden, nennt man **Hilfszeitwörter**; sie sind: **haben, sein** und **werden**.
Z. B. Wir haben gesungen, Wir werden gelobt worden sein.

Beispiel der Abwandlung:

1. Der Hilfszeitwörter.
Grundform:

haben	sein	werden
	Gegenwart:	
ich habe,	ich bin,	ich werde,
du hast,	du bist,	du wirst,
er hat,	er ist,	er wird,
wir haben,	wir sind,	wir werden,
ihr habet,	ihr seid,	ihr werdet.
sie haben.	sie sind.	sie werden.

<table>
<tr><td></td><td>Erste oder Mitvergangenheit:</td><td></td></tr>
</table>

ich hatte,	ich war,	ich wurde,
du hattest,	du warst,	du wurdest,
er hatte,	er war,	er wurde,
wir hatten,	wir waren,	wir wurden,
ihr hattet,	ihr waret,	ihr wurdet,
sie hatten.	sie waren.	sie wurden.

Zweite Vergangenheit:

ich habe gehabt,	ich bin gewesen,	ich bin geworden,
u. s. w.	u. s. w.	u. s. w.

Dritte oder Vorvergangenheit:

ich hatte gehabt,	ich war gewesen,	ich war geworden,
u. s. w.	u. s. w.	u. s. w.

Erste Zukunft:

ich werde haben,	ich werde sein,	ich werde werden,
u. s. w.	u. s. w.	u. s. w.

Zweite oder Vorzukunft:

ich werde gehabt haben,	ich werde gewesen sein,	ich werde geworden sein.
u. s. w.	u. s. w.	u. s. w.

2. Der Zeitwörter.

Grundform: springen.

Gegenwart: ich springe.
u. s. w.
Erste Vergangenheit: ich sprang.
u. s. w.
Zweite Vergangenheit: ich bin gesprungen.
u. s. w.
Dritte Vergangenheit: ich war gesprungen.
u. s. w.
Erste Zukunft: ich werde springen.
u. s. w.
Zweite Zukunft: ich werde gesprungen sein.
u. s. w.

Aufgabe 42: Von folgendem Lesestück gebet den ersten Vers in der ersten und zweiten Vergangenheit, den zweiten Vers in der dritten Vergangenheit, den dritten in der ersten und den vierten in der zweiten Zukunft.

1. Die Wiese grünt, der Vogel baut,
   Der Kuckuk ruft, der Morgen thaut,
   Das Veilchen blüht, die Lerche singt,
   Der Obstbaum prangt, der Frühling winkt,

2. Die Sonne sticht, die Rose blüht,
Die Bohne rankt, das Würmchen glüht,
Die Aehre reift, die Sense klingt,
Die Garbe rauscht, der Sommer winkt.
3. Das Laub verwelkt, die Schwalbe flieht,
Der Landmann pflügt, die Schneegans zieht,
Die Traube reift, die Kelter rinnt,
Der Apfel lockt, der Herbst beginnt.
4. Der Sang verstummt, die Art erschallt,
Das Schneefeld glänzt, das Waldhorn schallt,
Der Schlittschuh eilt, der Schneeball fliegt,
Die Fluth erstarrt, der Winter siegt.

Das Zeitwort als Eigenschaftswort.

Wie heißen folgende Zeitwörter, wenn ihr ihnen ein d anhänget? — gehen, singen, leuchten, fliegen, suchen.

Wenn man der Grundform des Zeitworts ein d anhängt, so läßt es sich als Eigenschaftswort gebrauchen; z. B. Der brausende Wind, das wiehernde Pferd.

Aufgabe 43: Die Sätze im Lesestück unter Aufgabe 42 schreibet so, daß die Zeitwörter als Eigenschaftswörter gebraucht sind; z. B. Der bauende Vogel, die grünende Wiese.

Auch das Zeitwort, wie es in der zweiten Vergangenheit gebraucht wird, dient als Eigenschaftswort; z. B. Das verwelkte Laub, die geflohene Schwalbe, die gereifte Traube.

Man nennt diese beiden Formen des Zeitworts die **Mittelformen**.

Aufgabe 44: Suchet noch 20 solcher Beispiele.

Das Zeitwort als Hauptwort.

In dem Satze: „Das Turnen stärkt die Glieder," sage ich von der Thätigkeit turnen etwas aus, wie von einem Ding oder Gegenstand, und das Zeitwort turnen wird dadurch zum Hauptwort und erhält den Artikel **das**.

Aufgabe 45: Wendet folgende Zeitwörter in Sätzen als Dingwörter an:

Geben, Nehmen, Gehorchen, Befehlen, Lesen, Zeichnen, Fliegen, Fahren, Schneiden, Stoßen, Schwimmen, Hobeln, Heizen, Schmeicheln, Hämmern, Nähen.

Auch wird aus Zeitwörtern eine gewisse Klasse von Hauptwörtern gebildet, welche man Thätigkeitsnamen nennt; z. B. freuen — die Freude; leiden — das Leid.

Aufgabe 46: Bildet aus folgenden Zeitwörtern Thätigkeitsnamen:

trauern, geben, schließen, betrügen, verdrießen, brüllen, erschrecken.

lieben, hassen, beten, bitten, singen, fliehen, tragen, antworten, loben, arbeiten, strafen, tadeln, grüßen, schlafen, laufen, reiten, fahren.

Die beiden Mittelformen des Zeitworts können ebenfalls als Hauptwort gebraucht werden; z. B. Der Leidende, das Geschriebene.

Aufgabe 47: Folgende Sätze verändert so, daß die darin vorkommenden Mittelformen des Zeitworts als Hauptwörter gebraucht werden; z. B. Was ich gesprochen habe, nehme ich nicht zurück. Das Gesprochene nehme ich nicht zurück. Was glänzend ist, ist nicht immer Gold. Was geschehen ist, kann wieder geschehen. Was ich verloren habe, kann sich wieder finden. Was übertrieben ist, dauert nicht lange. Wer selbst leidend ist, fühlt für Andere leichter. Was du geschrieben hast, kann ich nicht lesen. Was erfroren ist, ist todt. Wer sich gebrannt hat, fürchtet das Feuer. Manche Früchte essen wir gekocht, gesotten, oder gebraten.

Thätigkeitsform und Leideform.

„Das Pferd schlägt aus." — In diesem Satze ist vom Pferde gesagt, daß es etwas thut; man sagt darum, das Zeitwort schlagen stehe hier in der Thätigkeitsform. Aendere ich dagegen den Satz so: „Das Pferd wird geschlagen," — so sage ich vom Pferde aus, daß es etwas erleidet, und diese Ausdrucksweise wird die Leideform des Zeitworts genannt.

Aufgabe 48: Folgende Sätze setzet von der Thätigkeitsform in die Leideform:

Das Pferd zieht den Wagen. Ich erwarte einen Freund. Die Traube reift in der Sonnenhitze. Die Katze fängt die Maus. Der Bäcker verbackt das Mehl. Der Lehrer lehrt den Schüler. Der Wolf zerreißt das Schaf. Der Apotheker bereitet Arznei. Der Reiter bändigt das Pferd. Die Sonne erwärmt die Erde. Der Mond und die Sterne erhellen die Nächte. Der Hirte hütet der Heerde. Der Arzt besucht den Kranken. Der Schuster verfertigt Schuhe und Stiefel. Der Regen befeuchtet die Erde.

Aufgabe 49: Folgende Sätze setzet von der Leideform in die Thätigkeitsform:

Das Papier wird aus Lumpen gemacht. Der Träge wird von Jedermann verachtet. Der Ochse wird von dem Metzger geschlachtet; das Fleisch des Ochsen wird von uns gesotten oder gebraten; die Haut wird von dem Gerber in Leder verwandelt; das Leder wird vom Schuhmacher zu Schuhen und die Hörner vom Kammmacher zu Kämmen und andern Dingen verarbeitet.

5. Das Fürwort.

Wenn wir von uns, oder von andern Menschen, oder von Dingen sprechen, so wiederholen wir im Verlauf der Rede nicht stets die Namen der besprochenen Menschen oder Gegenstände, sondern gebrauchen statt derselben gewisse Wörter, die wir **Fürwörter** nennen, weil sie **für die Namen** stehen.

Die Eiche ist ein Waldbaum; sie erreicht ein hohes Alter; ihr Holz ist sehr dauerhaft; obgleich sie ein so großer Baum ist, sind ihre Früchte doch sehr klein.

Wie würde der Satz lauten, wenn man, so oft etwas von der Eiche ausgesagt ist, das Wort Eiche setzte? Würde das gut lauten? Welche Worte stehen für das Hauptwort **Eiche**?

Aufgabe 50: In folgenden Sätzen setzet statt des wiederholten Hauptwortes das passende Fürwort:

Das Pferd ist ein Zugthier, das Pferd trägt den Reiter und zieht den Pflug. Des Pferdes Schweif ist lang. Das Pferd schlägt gern aus, darum geh' nicht nahe zu dem Pferd. — Die Katze macht dem Kinde viele Freude durch der Katze Spiel. Doch trau' der Katze nicht; die Katze ist gar falsch. Die Katze kratzt und beißt, wenn man die Katze reizt.

Wenn ich zu einer andern Person von einer dritten Person oder Sache spreche, so bezeichne ich mich selbst durch das Fürwort **ich**, und nenne mich die **erste** oder **sprechende Person**, — die Person, zu der ich spreche, durch das Fürwort **du**, und nenne sie die **zweite** oder **angesprochene Person**, — die Person oder Sache, von der ich spreche, durch das Fürwort **er**, wenn männlichen, durch **sie**, wenn weiblichen, und durch **es**, wenn sächlichen Geschlechts, und nenne sie die **dritte** oder **besprochene Person**.

Mit welchem Fürwort bezeichnen sich mehrere sprechende Personen?
Welches Fürwort setzt man statt der Namen mehrerer angesprochener Personen?
Durch welches Fürwort bezeichne ich mehrere Personen oder Sachen, von denen ich spreche? —

Diese Fürwörter heißen **persönliche** Fürwörter.

Biegung der persönlichen Fürwörter.

Einzahl.

	Erste Person.	Zweite Person.	Dritte Person.		
1. Fall, wer?	ich	du	er	sie	es
2. „ wessen?	meiner	deiner	seiner	ihrer	seiner
3. „ wem?	mir	dir	ihm	ihr	ihm
4. „ wen?	mich	dich	ihn	sie	es

Mehrzahl.
1. Fall, wer?   wir   ihr   sie
2. „ wessen? unser   euer   ihr
3. „ wem?   uns   euch   ihnen
4. „ wen?   uns   euch   sie

Mein, dein, sein, unser, euer, ihr — zeigen den Besitz irgend eines Gegenstandes an; z. B. Mein Hut, dein Brief, ihr Buch, unser Haus, euer Pferd, ihr Kind — und heißen darum auch besitzanzeigende Fürwörter.

Aufgabe 51: In einem Lesestück aus eurem Lesebuche unterstreichet die persönlichen und besitzanzeigenden Fürwörter.

Aufgabe 52: Bieget:

Mein Hut — meine Kappe — mein Buch; unser Brüderchen — unsere Mutter — unser Vater; dein Schlüssel — deine Weste — dein Papier; euere Tinte — euer Stuhl — euere Plätze; seine Tafeln — sein Arm — sein Geschäft; ihre Uhr — ihr Reichthum — ihr Recht.

Die bei der Biegung angewandten Fragewörter: wer, was, wessen, wem, wen, stehen ebenfalls für Gegenstände und werden fragende Fürwörter genannt.

Aufgabe 53: In folgenden Sätzen bezeichnet die persönlichen, besitzanzeigenden und fragenden Fürwörter, die ersteren durch ein p, die zweiten durch ein b und die letzteren durch ein f.

Sage mir, mit wem du gehst, und ich sage dir, wer du bist. Wer lobt dich? Was schreibt dir dein Vater? Wessen Umgang sollst du meiden? Nach wem zielt der Jäger mit seiner Flinte? Wen sollen wir lieben? Auf wen können wir uns nicht verlassen? Durch wessen Güte kommt uns alles Gute?

Hinweisende Fürwörter.

„Auf dieser Seite unserer Stadt fließt ein Strom, auf jener ein Fluß."
Welche zwei Wörter weisen auf einen bestimmten Gegenstand?
Weitere solche Wörter sind: **solcher, derselbe, derjenige.**
Man nennt sie darum **hinweisende Fürwörter.**

Aufgabe 54: Bieget:

Dieser Baum, jenes Kleid, ein solcher Mensch, derjenige Thurm, derselbe Fall, diese Kinder, jene alten Leute, solches grobe Tuch, diejenige Frau, dieselben schönen Muscheln.

Niemand, Jemand, Keiner, Einer, Etwas, Nichts, bezeichnen auch auf unbestimmte Weise die Personen oder Sachen, und heißen darum **unbestimmte** Fürwörter.

Aufgabe 55: Bildet Sätze, in denen die unbestimmten Fürwörter vorkommen; z. B. Lerne Etwas, so kannst du Etwas.

Das Geschlechtswort — der, die, das — als Fürwort.

Ein Baum, der keine guten Früchte bringt, wird abgehauen. Ein Kind, das seine Eltern verloren hat, ist eine Waise. Die Luft, die man athmet, soll rein sein. Ein Lügner ist kein Mensch, dem man trauen kann. Der Boden, den man baut, trägt Früchte. Ein Baum, den du beschädigst, verdorrt. Leute, die nicht arbeiten mögen, sind Müssiggänger.

Nennet die Hauptwörter, auf welche in diesen Sätzen Artikel folgen.

Aufgabe 56: Schreibet diese Sätze ab und setzet statt der nach den Hauptwörtern folgenden Artikel die Wörter **welcher, welche, welches**; z. B. Ein Baum, welcher keine guten Früchte bringt.

Die Wörter welcher, welche, welches und der, die, das, wenn sie wie die ersteren gebraucht sind, nennt man **bezügliche Fürwörter**.

6. Das Verhältnißwort oder Vorwort.

„Der Wein läuft **in** das Faß. Der Wein läuft **aus** dem Faß."
Was ist hier vom Wein ausgesagt? Wohin, woher läuft er? Welche Wörtchen geben an, wie sich das Laufen des Weines zum Fasse verhält?

Aufgabe 57: Beantwortet ähnliche Fragen bei folgenden Sätzen:

Der Vogel fliegt auf den Baum. Der Vogel fliegt weg vom Baum. Ich gehe in das Haus. Ich gehe aus dem Hause. Ich gehe auf das Haus. Ich gehe durch das Haus. Ich gehe von Hause. Die Soldaten marschiren in die Stadt, durch die Stadt, aus der Stadt, vor die Stadt, bei der Stadt.

Diejenigen Wörter, welche angeben, wie sich eine Thätigkeit zu dem Ding verhält, auf welches sich diese Thätigkeit bezieht, nennt man **Verhältnißwörter**, und weil dieselben gewöhnlich **vor** dem Hauptworte stehen, auf das sich das Zeitwort bezieht, so heißen sie auch **Vorwörter**.

Die Verhältnißwörter theilen wir in **vier Gruppen**:
1. Solche, die den **vierten** oder **Wen-Fall** fordern; sie sind: **durch, für, gegen, wider, ohne, sonder, um**.
2. Solche, die den **dritten** oder **Wem-Fall** regieren; sie sind: **aus, außer, sammt, seit, bei, mit, nach, nebst, von, zu, zuwider, nächst, entgegen, gegenüber**.
3. Solche, die den **zweiten** oder **Wessen-Fall** fordern; sie sind: **diesseit, jenseit, oberhalb, unterhalb, innerhalb, außerhalb, unweit, längs, entlang, während, ungeachtet, trotz, statt**,

anſtatt, wegen, halber, zufolge, kraft, vermöge, laut, mittelſt.

4. Solche, die den dritten und den vierten Fall regieren; ſie ſind: an, auf, hinter, in, vor, zwiſchen, über, unter, neben.

Sätze über die erſte Gruppe.

Aufgabe 58: In folgenden Sätzen ſetzet die paſſenden fehlenden Wörter und unterſtreichet die darin vorkommenden Verhältnißwörter.

Israel ging —— rothe Meer. Eine Mutter läßt ihr Leben —— Kind. Das ungehorſame Kind handelt —— Eltern Gebot. Wer nicht für mich iſt, iſt ——. —— Böſe wären wir Alle glückliche Menſchen. Kein lebendiges Weſen kann leben —— Luft. Kinder ſollen nichts thun —— Willen ihrer Eltern und — dieſelb. —— Rath zu fragen. Wer gegen — Rath erfahrener Leute handelt, kann ſich in's Unglück bringen —— eigene Schuld.

Sätze über die zweite Gruppe.

Aufgabe 59: Setzet die fehlenden Wörter und unterſtreichet die Verhältniß‐ wörter:

Regen kommt —— Wolken und Dünſte —— Erde. Sommers halten wir uns gerne —— Hauſe auf. Die Katze frißt die Maus ſammt d. Haut und d. Haaren. Gute Kinder halten ſich gerne — ihr. Eltern auf und gehen nur mit der. Erlaubniß — d. Hauſe. Die Zug‐ vögel ziehen im Herbſt nebſt ihr. erwachſ. Jungen — wärm. Ländern. Es iſt für d. Menſchen gar nicht weit v. d. Wiege bis z. d. Grabe. Der Rauch iſt d. Aug. zuwider. Bei heftig. Stürm. gehen oft die Schiffe ſammt d. Schiff. zu Grunde. Nächſt — Eltern lieben wir unſere Geſchwiſter gewöhnlich am meiſten. Die Kartoffel iſt erſt ſeit ein. hundert Jahren allgemein bekannt.

Sätze über die dritte Gruppe.

Aufgabe 60: Vereiniget folgende Wörter in Sätze und unterſtreichet die Ver‐ hältnißwörter:

Philadelphia Camden Delaware dieſſeits jenſeits. Pferd unterhalb Huf Eiſen. Kern Nuß innerhalb Schale. Keller befinden unterhalb Haus, Dach oberhalb. Viele Thiere ſich aufhalten meiſtens unweit Wohnungen Menſchen. Längs Straßen oft Bäume ſtehen. Manche Thiere während Winter ſchlafen. Zufolge Entfernung Sterne ſcheinen klein ungeachtet Größe. Vermöge Vernunft wir unterſcheiden Böſe Gute. Eltern Kinder ſchicken wegen Lernen Schule. In alten Zeiten gebrauchen Bogen und Pfeil ſtatt Schießgewehre. Vögel ſchwingen Luft mittelſt Flügel. Vogel Strauß Schwere halber nicht fliegen.

Sätze über die vierte Gruppe.

Aufgabe 61: Vervollständiget die abgekürzten Wörter in folgenden Sätzen:
Wir sollen uns nicht an unf. Feind. rächen. Das fallende Laub erinnert an d. nahend. Winter. Auf d. Regen folgt die Sonne, auf d. Trauern Freud' und Wonne. Die Schwimmvögel schwimmen auf d. Wasser, die Fische in d. Wasser und die Krebse sind unter d. Wasser. Reiche Leute haben gewöhnlich Gärten hinter ihr. Häus. Die Sonne verbirgt sich oft hinter d. Wolk. Eine Warnung soll man sich hinter d. Ohr. schreiben. Spare in d. Zeit, so hast du in d. Noth. Die Ströme fließen in d. Meere. Neben d. Kirch. stehen oft Thürme. Der Verkäufer stellt sich neben s. Waare. Hoch über d. Erde steht die Sonne und gießt Licht und Wärme über d. Geschöpfe. Vor ein. grau. Haupte sollst du aufstehen. Hüte dich vor d. Sünde wie vor ein. gift. Schlange. Das Pferd spannt man vor d. Wagen. Zwischen hoh. Berg. liegen tiefe Thäler. Zwischen d. Aehren sich drängen hinein Unkrauthalme in dicht. Reih'n. Zwischen brav. Kind. auch finden sich Kinder mit bös. Brauch.

Aufgabe 62: Folgendes Lesestück schreibet vollständig:

Seelengröße einer Dienstmagd.

Ein Müller — d. Lande hörte ein. Abends sein. Hund, der gewöhnlich — d. Thüre angebunden war, — d. Kette — d. Haus rasseln. Kaum war die Magd — d. Stube getreten, um ihn wieder — s. Platz zu ketten, als sie — d. Hunde angefallen und — ein. Bisse verwundet wurde. — ihr Geschrei wollte der Müller — d. Seinig. — Hilfe eilen; sie aber stellte sich — d. Thüre, ließ Niemand — d. Stube und rief: Bleibt! der Hund ist toll, ich bin nun schon gebissen und will ihn allein — d. Kette legen. Sie schleppte ihn — s. fort, wurde noch öfters — ihm gebissen ohne — loszulassen und band ihn an, worauf man ihn tödtete. Der Müller eilte — ein. Arzte, der sie aber trotz all. Bemühung. nicht mehr retten konnte. Sie ging ruhig — Bette und warnte Alle, nicht nahe — ihr zu gehen, wenn die schreckl. Wirkung. d. Giftes sich äußern sollten, und erwartete — fromm. Ergebung ihr Schicksal. — einig. Tag. zeigten sich die ersten Anfälle — Wuth aber — groß. Heftigkeit, und bald gab sie, — viel. gut. Mensch. beweint, ihren Geist auf.

7. Das Umstandswort.

Der Baum steht draußen. Der Krebs geht rückwärts. Die Luft dringt überall hin. Verschiebe nicht auf morgen, was du heute thun kannst. Ein Gewitter kommt oft plötzlich. Die Welt ist ungeheuer groß.

Welche Wörter in diesen Sätzen geben an, wie es mit einer Thätigkeit, Eigenschaft oder einem Dinge steht? Man nennt die Wörter, welche eine Eigenschaft, eine Thätigkeit oder einen Umstand nach Raum, Zeit, oder Art und Weise näher bestimmen, Umstandswörter des Raumes, der Zeit, der Weise.

1. Die Umstandswörter des Raumes sind
a. Umstandswörter des Orts; sie antworten auf die Frage wo? Z. B. hier, da, dort, oben, unten, vorn, hinten, rechts, links, irgendwo, nirgends, überall, draußen, drinnen.

Aufgabe 63: Machet Sätze über diese Wörter.*
Aufgabe 64: In einem Lesestück eures Lesebuches unterstreichet die Umstandswörter des Orts.

b. Umstandswörter der Richtung; sie antworten auf die Frage wohin? Z. B. her, hin, dahin, daher, dorther, dorthin, vorwärts, rückwärts, seitwärts, fort, weg, heim.

Aufgabe 65: Bildet Sätze, in denen diese Umstandswörter vorkommen.

2. Die Umstandswörter der Zeit antworten auf die Frage wann? wie lange? wie oft? Die wichtigsten sind: dann, wann, jetzt, bald, nun, sogleich, gestern, heute, morgen, einst, sonst, zuletzt, inzwischen, endlich, ehemals, jemals, damals, längst, unlängst, selten, einmal, nie, niemals, täglich, stündlich, häufig, nachher, jüngst, neulich, eben, oft, seither, stundenlang, noch.

Aufgabe 66: Machet Sätze über diese Wörter.
Aufgabe 67: In einem Lesestück unterstreichet die Umstandswörter der Zeit und bezeichnet die auf die Frage „wann?" mit 1, die auf die Frage „wie lange?" mit 2, und die auf die Frage „wie oft" mit 3.

3. Die Umstandswörter der Art und Weise; sie antworten auf die Frage wie? allmälig, besonders, blindlings, beinahe, gern, gänzlich, genug, höchst, nur, plötzlich, sehr, theilweise, kaum, vorzüglich, wohl, glücklicherweise, ziemlich, ungern, ungeheuer.

Aufgabe 68: Suchet Sätze über diese Wörter zu bilden.
Aufgabe 69: In einem Lesestück bezeichnet die Umstandswörter des Raumes mit a, die der Zeit mit b, und die der Art und Weise mit c.

Die Umstände der Art und Weise werden oft durch Eigenschaftswörter oder durch die erste Mittelform des Zeitworts ausgedrückt, auch bei einigen Zeitwörtern durch die zweite Mittelform; z. B. gesprungen. — Der Wind bläst sehr kalt; der Hund kommt gesprungen; die Lerche fliegt singend.

---

* Für Schüler, denen das Selbstbilden der Sätze nicht gelingt, mag der Lehrer Beispiele an die Tafel schreiben mit Auslassung des passenden Umstandwortes.

Aufgabe 70: Ueber folgende Mittelwörter machet Sätze:
stehend, schnaubend, brausend, zündend, hüpfend, gelaufen, gegangen, erfroren, zürnend, rauchend, tanzend, träumend.

Manche Umstandswörter kann man steigern, besonders diejenigen, welche zugleich Eigenschaftswörter sind; z. B. bald, selten, nah, oft, gern, viel, laut, hoch, wenig, freundlich.

Aufgabe 71: Steigert obige Wörter und machet Sätze darüber; z. B. Bei uns sieht man nur selten ein Nordlicht, noch seltener Meteore, am seltensten erscheinen uns jene Himmelskörper, die man Kometen nennt.

Die Wörter: ja, nein, freilich, gewiß, vielleicht, jedenfalls, wahrhaftig, doch, wirklich, keineswegs, wahrscheinlich, allerdings u. s. w. nennt man **Umstandswörter der Bejahung und Verneinung**.

8. Die Bindewörter.*

Der Zimmermann und der Schreiner brauchen den Hobel. Das Obst essen wir entweder roh oder gekocht. Der Stein ist schwerer als Wasser, daher sinkt er unter.

Diejenigen Wörter, durch welche wir Theile eines Satzes oder auch mehrere Sätze mit einander verbinden, nennen wir Bindewörter.

Welches sind die Bindewörter in den obigen Sätzen? Welche Satztheile oder Sätze verbinden sie?

Die Bindewörter theilen wir ein in
1. **Zusammenstellende:** und, auch, zudem, außerdem, nicht nur — sondern auch, sowohl — als auch, weder — noch, theils — theils, erstlich, dann, ferner, endlich, nämlich, als, wie.

Durch die zusammenstellenden Bindewörter werden Satztheile mit einander verbunden, die ihrem Inhalte nach einander entsprechen.

2. **Entgegenstellende:** doch, aber, allein, dennoch, jedoch, sondern, hingegen, gleichwohl, dessenungeachtet, nicht — sondern, entweder — oder.

3. **Begründende:** daher, darum, deshalb, deswegen, demnach, mithin, also, folglich, denn.

---

* Der Lehrer wende die verschiedenen Bindewörter in Sätzen an, schreibe die Glieder dieser Sätze sodann nieder und lasse sie von den Schülern durch die Bindewörter wieder vereinigen. Auch mögen die Schüler aus verschiedenen Lesestücken die Bindewörter herausschreiben und die Satztheile angeben, welche durch dieselben verbunden sind.